Günther Kunstmann

AF215790

Hechos 29

(Hechos de los Apóstoles 29)

Señales y Milagros -
¡Todavía ocurren hoy!

Un libro de hechos reales motivador

Günther Kunstmann

Hechos 29
(Hechos de los Apóstoles 29)

Señales y Milagros -
¡Todavía ocurren hoy!

El emocionante viaje hacia la dimensión de Dios

Relatos de las obras de Jesús hoy en día

Un libro de hechos reales motivador

Información Bibliográfica de la Biblioteca Nacional Alemana
Publicado en la Biblioteca Nacional Alemana;
Datos bibliográficos detallados recuperables en internet a través de
http://dnb.dnb.de.

A no ser que esté indicado diferente, todas las citas Bíblicas estan
tomadas de la traducción Nueva Versión Internacional
Los impresos en negrita o notas en paréntesis
son énfasis del autor.

© 2015 1 Günther Kunstmann, Bamberg/Alemania

Título de la versión original:
"Apostelgeschichte 29"
Traducción al español:
Katia Gourcilleau / Cala Ratjada / Mallorca - España
Magdalena Vanrell / Vilafranca de Bonany / Mallorca - España

Foto de portada: © Günther Kunstmann

Editora: Andra Kunstmann, Bamberg/Alemania

Compañía Productora y Editorial:
BOD – Books on Demand
Norderstedt/Alemania

ISBN: 9783746067537

Dedicación

Dedico este libro a tres personas, las que más han afectado mi vida con Jesús: ¡mis padres, y mi esposa Andra!

A mis padres

Me han dado una infancia segura y feliz y han presentado a Jesús y en la fe desde el principio. Gracias a ellos llegué a conocer a Jesús y la Palabra de Dios y he aprendido a amarla.

Me han animado una y otra vez a seguir con Jesús en sus caminos. A seguir creyendo, aunque no podía entender algunas cosas todavía o no sabía cómo ponerlas en práctica.

Su propia vida se convirtió en un ejemplo para mí en muchas áreas. Durante mi infancia y juventud, ellos siempre intentaron bendecirme y un conocimiento sano del hecho de que Jesús me ama, que Él está siempre por mí y que mi vida tiene importancia y un llamado. Este conocimiento ya se mostró en un examen de la escuela en la que terminé escribiendo estas palabras:

"Por gracia soy lo que soy"

Es un regalo enorme de Dios teneros como padres. Gracias de corazón por todo lo que habéis invertido en mi vida.
Gracias por todas vuestras oraciones, consejos, apoyo, advertencias y lágrimas por mí a causa de mí.

El Señor Jesús, nuestro mutuo Salvador, os bendiga grandemente y os ofrezca muchos años más de felicidad. Vuestra recompense en el cielo será grande.

¡Muchas gracias, os quiero!

A Andra,
¡El amor de mi vida!

Dios nos juntó, para que pasáramos la vida juntos, creciendo como pareja y con Él. Descubriendo la fe en dimensiones que antes no conocíamos, server a Dios y a la gente ganando muchas almas para Jesús, encendiendo el fuego en su interior para Él.

Gracias por tu paciencia y apoyo, cuando no entendía algunas cosas, no quería entenderlas o me escapaba de ellas.
Gracias por tus oraciones que me han acompañado en mi trabajo como policía, durante mi día a día y mi ministerio spiritual.
Gracias por más de 34 años de matrimonio ahora con amor que va en aumento y gozo el uno para el otro.

Gracias por los viajes juntos y aventuras con Jesús, sé que no siempre ha sido fácil para ti estar conmigo.

Eres una mujer maravillosa: fuerte, directa, una visionaria y con fe fortificante.

Gracias por animarme y apoyarme en esto, mi primer libro. De alguna manera sospecho que no será el último.

Mi querida – ¡Te amo desde el fondo de mi corazón!

Prefacio

En este libro voy a contaros algo sobre mi vida. Una vida normal y corriente.

No es un libro de estudio teológico o una enseñanza clásica, sino un testimonio personal.

Por esa razón, lo contaré así como lo he experimentado.

Contaré como Dios se las arregló para convertirme en un compañero de trabajo activo a su lado. Hubo obstáculos y bloqueos, pero más y más victorias se hicieron visibles también.

Os contaré como experimenté sanidad personalmente, y como mi mujer y yo llegamos a orar por personas alrededor del mundo, con resultados impresionantes.

Hoy experimentamos más y más milagros en el área de sanidades y Dios actuando, así esparcimos esto alrededor y lo explicamos a la gente para la honra de Dios.

Todos los relatos en este libro son experiencias personales de nosotros dos. Sólo hemos dejado sin poner los nombres de las personas para privacidad. Por ello solamente mencionamos el género y tal vez la edad en el momento de la sanidad.

A no ser que se mencionen otras localizaciones, todas las sanidades y acontecimientos ocurrieron en nuestra iglesia "Jesus Gemeinde Bamberg / Alemania".

Bajo el encabezado "Relato", Andra y yo contaremos sobre las sanidades y milagros que experimentamos sin necesariamente mencionar detalles.

Cuando se use la palabra "Pastor" o "Pastora", nos referimos a nosotros dos como los pastores y líderes de "Jesus Gemeinde Bamberg".

Los relatos individuales están explicados desde una perspectiva en primera persona, porque nos lo contaron de este modo a nosotros.

Escribo este libro porque estoy entusiasmado sobre Jesús, más y más. Y también sobre las cosas que Jesús sigue haciendo hoy, porque reconozco que no lo escuchamos tan a menudo como deberíamos.

Lo escribe porque estoy agradecido de que Jesús me ha guiado hacia la dimensión de obras sobrenaturales. Las cosas que pensaba eran imposibles hace años, están ocurriendo más y más en nuestra vida y a través de nuestro ministerio actualmente.

¡A Jesús sea toda la gratitud y honor! Es todo sobre Él, no sobre mí. Jesús es el Salvador, sanador y rescatador, no yo. Yo puedo y quiero exponer sus grandes obras y maravillas.

Les mostramos a las personas que no conocen a Jesús todavía, que Él les ama, que está interesado en ellos y quiere demostrárselo. Queremos ayudarles a entrar en una relación personal con Jesús, liberarles, para que puedan recibir el perdón y que sus vidas tengan un nuevo sentido, ayuda y fortaleza. Una vida para la eternidad. Una vida aquí en la Tierra con la posibilidad de experimentar esta ayuda y poder sobrenatural por ellos mismos y darlo a los demás.

Ya te digo: Jesús es tan fabuloso; ¡te quedarás asombrado!

Queremos animar y retar a los cristianos a reflexionar en la convicción de su fe en cuanto a la Biblia y pedirle y permitir al Espíritu Santo que les guíe hacia nuevas dimensiones.

Para así ser o convertirse en seguidores de Jesús que toquen su alrededor con la Palabra de Dios y Su poder, que hace señales y Milagros para honrar al Padre del cielo, el Dios todopoderoso, y representarle a Él en una manera que digna.

**¡Porque es por ello que tú y yo hemos nacido
y estamos llamados a hacer!**

Auf geht's – Pack mer's
Vámonos
Let's go

Günther y Andra Kunstmann
Bamberg, 2015

Índice

Todo empezó con una alergia al polen

Un descubrimiento aterrador

Tienes unos 30 años, estas agradecido y feliz de que estás fuerte físicamente, tienes planes y estás listo para conquistar el mundo, y te sientes fuerte como para arrancar árboles del suelo.
¿Quién puede pararte?
Y luego, mi perspectiva del mundo así, cambio completamente por un accidente como este:

¡Fiebre del heno causada por la alergia al polen!

Descubrir esto me golpeó como una tonelada de ladrillos, porque no podía explicarme de dónde apareció esta alergia de repente. Nunca antes había tenido alergia, me encantaba el olor a hierba y heno, sobre todo cuando era tiempo de cosechar el heno, me encantaba hacerlo. Para mí, personalmente, la primavera era una de las estaciones más hermosas del año.

¡Pero de repente todo era diferente!
Quemazón, picor, ojos hinchados, garganta irritada; la nariz goteaba constantemente como una cascada y no había cura.
La medicina no me aliviaba nada en absoluto.
¡Así que bienvenido al club de los alérgicos!

Esta fue una predicción devastadora para mi futuro.

Cada año la temporada del polen de la hierba era horrible para mí.
14 días enfermo, encerrado en una habitación oscura con las ventanas cerradas, los ojos cubiertos con paños de camomila – (¡sí, genial!)

Deseaba ansiosamente que la temporada de polen terminara, para poder salir fuera otra vez. En la naturaleza, a mi trabajo, actividades, amistades y vida social.

Mi estado de ánimo en casa con mi esposa era bastante cansado, tenso e irritable durante estos 14 días – no precisamente mi concepto de primavera.

Te puedes imaginar que, en mi cabeza, mis pensamientos estaban dando vueltas como un tiovivo. Conocía mucha gente que sufría reacciones alérgicas de diferentes tipos, y que no conseguían deshacerse de ellas, y tenían que aprender a vivir con ellas el resto de sus vidas.

A veces era tan horrible que quería irme a vivir al polo norte, porque el polen no existe allí. Pero luego me di cuenta de que allí solamente existe hielo y nieve, ¡nada más! Así que no era una buena alternativa.

Durante este "tiempo de sufrimiento", este futuro terrorífico estaba dibujado claramente en mis pensamientos. Podía mirarlo de un lado o de otro, pero no veía otra solución más que pedirle ayuda a Dios.

Lo sabía: Si alguien tenía una solución para mi problema, ¡entonces era Él!

"Dios es bueno" - uhm, ¿perdona?

De niño, crecí en una familia con padres que frecuentaban, y gozosamente asistían a una iglesia evangélica, y que amaban al Señor Jesucristo, Dios el Padre y la Palabra de Dios con todo su corazón. Asistía con ellos desde mi temprana niñez, era absolutamente normal para mi ir a la iglesia y crecí con ello felizmente.

En mi temprana edad (cuando tenía 13 años) entregué mi vida a Jesús. Así que, oraciones, promesas de Dios y oraciones contestadas no eran nada extraño para mí. La iglesia y la fe eran un ambiente habitual para mí. La Palabra de Dios me dio poder y dirección, especialmente en la pubertad. Hasta día de hoy estoy agradecido a mis padres, mis hermanos y hermanas en la fe y la iglesia que aquel tiempo, por enseñarme "el camino del SEÑOR" y por acompañarme. Me ayudó mucho a atravesar la vida de manera bastante estable.

Sin embargo, mi camino no fue siempre recto y en mi vida hice muchas cosas de las cuales me arrepentí, volviendo atrás y con necesidad de perdón. Gracias a Dios, Él siempre me perdonó y la mayoría de la gente también.

Era claro como el agua para mi que Dios podía sanar.
Lógico – Él era Dios, y no un cualquiera. Mi convicción era que Él podía hacer y no hacer lo que fuera que le diera la gana.
Aún así, Él simplemente estaría en todas estas cosas. Al menos me daba un poco de consuelo. Esto era lo que me habían enseñado. Por supuesto, yo oraba por sanidad muy intensamente, pero prácticamente nada cambiaba. Yo pensaba "bueno, tal vez tendrás que adaptarte a esto, quizás Dios no quiere sanarte a ti, sólo a otros. Será bueno de alguna manera igualmente".

Pero yo no sabía para que sería bueno, y me di cuenta de que, muy dentro de mi había ya una pregunta para Dios – "¿y TÚ eres un buen Dios?"

No quería hacerle esta pregunta a Dios directamente, pero esta voz dentro de mí no podía callarse.

Esto me trajo problemas porque por una parte yo sabía totalmente esto:

- Dios es bueno
- Él me ama desde el fondo de Su corazón
- Él tiene buenos planes e intenciones para mi vida
- Siempre puedo confiar en Él
- Ha entregado a su hijo Jesús para que yo sea salvo
- La Biblia está llena de sanidades, prodigios y promesas
- Él es todo poderoso y simplemente muchas veces no podemos entenderle con nuestro cerebro.
- La Palabra de Dios es para mí y es muy práctica
- …

Pero por el otro lado yo no podía comprender a Dios y me preguntaba:

- Que pasa con todas estas cosas
- Porqué yo (quiero decir, yo era su hijo)
- Yo confiaba en Él
- Que pretendía mostrarme o enseñarme con esto
- Porqué Su Palabra no funcionaba cuando oraba
- Y muchas preguntas más…

Al final tuve que llegar a un acuerdo; lo hice, no tenía la solución, estaba rendido a mi destino – pero no estaba realmente contento con ello.

Un descubrimiento increíble

Hay relatos en la Biblia conocidos como

Bautismo en el Espíritu Santo
o la
Llenura del Espíritu

y que está disponible para todos los creyentes que hayan invitado conscientemente y recibido a Jesús como su Salvador y Mesías, y que viven con Él.
¡No viene automáticamente, pero debería ser pedido en oración!
Así que vamos a mirar lo que dicen estas tres escrituras.

Pues, si ustedes, aun siendo malos,
saben dar cosas buenas a sus hijos,
¡cuánto más el Padre celestial dará el Espíritu Santo
a quienes se lo pidan!
Lucas 11:13

Entonces Pedro y Juan les impusieron las manos,
y ellos recibieron el Espíritu Santo.
Hechos 8:17

Cuando llegó el día de Pentecostés,
estaban todos juntos en el mismo lugar.
De repente, vino del cielo un ruido
como el de una violenta ráfaga de viento
y llenó toda la casa donde estaban reunidos.
Se les aparecieron entonces unas lenguas
como de fuego que se repartieron
y se posaron sobre cada uno de ellos.
Todos fueron llenos del Espíritu Santo
y comenzaron a hablar en diferentes lenguas,
según el Espíritu les concedía expresarse.
Hechos 2:1 – 4

¡Un día por fin recibí esta experiencia y lo cambió absolutamente todo!

No voy a explicar cómo sucedió todo exactamente cuando fue bautizado en el Espíritu Santo – los acontecimientos y los primeros efectos en mi vida. Esto es otra historia que quizás os cuente en otra ocasión.

En mi caso, la llenura en el Espíritu Santo siempre conlleva nuevo entendimiento también. Cosas que antes no podías ver o entender, de repente se vuelven claras y comprensibles. Así mismo me ocurrió a mí.

Pero, cuando venga el Espíritu de la verdad,
él los guiará a toda la verdad,
porque no hablará por su propia cuenta,
sino que dirá solo lo que oiga
y les anunciará las cosas por venir.
Juan 16:13

De repente supe que la verdad de la Palabra de Dios, las promesas y declaraciones sobre lo que Jesús hizo y pagó a precio carísimo en la Cruz para nosotros – ¡también para mí! – estaba disponible para mí. ¡Jesús lo hizo por mí!
Pero no tenía ni idea de cómo tratar con este descubrimiento, estaba solo y no sabía cómo aplicarlo en mi vida.

Empecé a orar y a pedirle a Jesús que me lo explicara, porque si no, ¡este descubrimiento hubiera sido en vano!
¡Y Él se explicó!

Como aclaración, me gustaría mencionar que no empecé a escuchar voces o entré en algún tipo de trance. Pero vinieron pensamientos dentro de mi mente que me hicieron conectar y comprender lo que la Palabra de Dios expresa en ciertas escrituras, lo que realmente significa.

Algunas veces eran pensamientos repentinos, los cuales me hacían cuestionarme "¿y esto de dónde ha salido ahora?"
Era más bien como un diálogo en mi interior. Muy a menudo hasta parecía que estaba justo al lado de Jesús en un relato Bíblico, experimentándolo todo lo más cercanamente posible. Estos pensamientos y percepciones estaban conectadas con un gran entusiasmo, gozo y expectación. De repente sabía lo que significaba hablar a Dios y obtener una contestación.

Quiero decir, me conozco a mí mismo, así que sé lo que yo mismo pienso. Este tipo de diálogo y esos pensamientos eran algo nuevo para mí, y eran absolutamente fantástico. Sabía que era Dios hablándome desde mi interior.

La llenura del Espíritu Santo no había sido realmente enseñada en mi Iglesia en aquel tiempo. Hablar en lenguas, efectos del poder, señales y milagros eran parte de la Biblia (por supuesto – está escrito allí en blanco y negro) pero había muchas personas explicando por qué estas cosas no eran para hoy o por qué no son necesarias. Pero también había la persona de turno que sabía que ya había tenido esta experiencia con el Espíritu Santo, pero todavía según mis ojos, me parecían personas un poco "exóticas" y un poco sospechosas.

Así que esta experiencia con el Espíritu Santo fue el comienzo de un nuevo trayecto en la fe con Jesús, lleno de aventuras, y ha cambiado totalmente mi vida.

Primeros pasos

La primera cosa que Dios me mostró claramente fue así de simple:

"¡Ten fe en mi Palabra y su poder será soltado!"

Así que le contesté: "Desde mi niñez he creído Tu Palabra y conozco mucho sobre ella".
Él contestó (de la manera que he descrito antes): "Sí, tú sabes mucho, pero aun así no crees en muchas de las cosas, pero simplemente dices "sí" a todo. Tú piensas que esto es fe, pero no lo es. Tener fe o creer significa confiar en el que lo ha dicho y actuar como si ya hubiera sucedido."

Esto fue como una ducha de agua fría para mí. En el mismo instante lo supe: "Él tiene razón!"

En muchas situaciones, no actuaba como la Palabra de Dios queria que actuase, era un escéptico, buscaba una razón en este mundo, que justificara mi comportamiento o simplemente no hacer nada. Me gustaba coger las clásicas y conocidas declaraciones de fe, como por ejemplo "esto no es para hoy" o "no puedes saber lo que Dios hará, no puedes esperar esto de Dios" o "¡venga ya, no puedes decirle a Dios lo que tiene que hacer!", "mejor no vayamos al extremo" y mucho más. O simplemente no tenía nada que decir.

Este nuevo descubrimiento realmente me puso en un aprieto. La única manera posible era entregárselo a Jesús y preguntarle a Él qué hacer.

Jesús me mostró algunas escrituras en la Biblia, que trataban acerca de "hablar" y sobre entender acerca de la autoridad en la fe.

De acuerdo – entender la autoridad no era nada desconocido para mí, porque trabajando como policía ya tenía experiencia en ello.

Cuando llevaba mi uniforme de policía y le hacía una señal a un camión grande para que se parase, se paraba. No porque yo fuese muy grande o temeroso, ni tampoco porque sea muy guapo o lo que sea. Se paraba simplemente porque el conductor ha aprendido a respetar señales de autoridad (bueno – ¡normalmente!) Por ejemplo, él ve mi uniforme, mi sombrero de policía, mi coche de policía, etc.

Hasta hay una escritura que describe acerca de esto:

> *Al entrar Jesús en Capernaúm,*
> *se le acercó un centurión pidiendo ayuda.*
> *Señor, mi siervo está postrado en casa con parálisis,*
> *y sufre terriblemente.*
> *Iré a sanarlo, respondió Jesús.*
> *Señor, no merezco que entres bajo mi techo.*
> *Pero basta con que digas una sola palabra,*
> *y mi siervo quedará sano.*
> *Porque yo mismo soy un hombre sujeto a órdenes superiores,*
> *y además tengo soldados bajo mi autoridad.*
> *Le digo a uno: "Ve", y va,*
> *y al otro: "Ven", y viene.*
> *Le digo a mi siervo: "Haz esto", y lo hace.*
> *Al oír esto, Jesús se asombró y dijo a quienes lo seguían:*
> *Les aseguro que no he encontrado en Israel*
> *a nadie que tenga tanta fe!*
> Mateo 8:5-10

> *Luego Jesús le dijo al centurión:*
> *¡Ve! Todo se hará tal como creíste.*
> *Y en esa misma hora aquel siervo quedó sano.*
> Mateo 8:13

Wow – yo entendí eso. De repente encontré más escrituras y las pude conectar.

Cuando Jesús salió de la sinagoga,
se fue a casa de Simón,
cuya suegra estaba enferma con una fiebre muy alta.
Le pidieron a Jesús que la ayudara,
así que se inclinó sobre ella y reprendió a la fiebre,
la cual se le quitó.
Ella se levantó en seguida y se puso a servirles.
Lucas 4:38 - 39

Les aseguro que, si alguno le dice a este monte:
"Quítate de ahí y tírate al mar",
creyendo, sin abrigar la menor duda de que lo que dice
sucederá, lo obtendrá.
Marcos 11:23

¡Esto me dio el último empujón! Por fin sabía lo que tenía que hacer:

¡La alergia al polen era mi montaña!
¡Tenía que hablarle con autoridad!
¡Podía creerlo porque mi Padre celestial
lo dijo y lo dejó escrito!
¡En fe yo tenía autoridad sobre esta montaña!
¡Sólo tenía que levantarme y ponerme en marcha!

Bueno entonces… - ¡Acción!

Vino la temporada del polen del heno, y con ello mi tiempo de prueba. Cuando empezaron a aparecer los primeros síntomas de picor en los ojos, puse mis manos encima de mis ojos y ordené:

"En el nombre de Jesús: alergia, déjame, picor; ¡párate!"

¿Qué crees que me sucedió?
Inmediatamente el picor cesó en mis ojos, pero empezó a picarme la nariz. Nunca antes me había sucedido esto.
Empezó a gotearme la nariz como una catarata. Pero no quería desanimarme porque justo acababa de comenzar, y no soy del tipo de personas que le gusta rendirse por la mitad del camino. Así que seguí adelante. La perseverancia y persistencia fueron de primordial importancia en aquel momento.
Una vez más puse mis manos sobre mi nariz y ordené:

"En el nombre de Jesús: alergia, déjame;
¡nariz, para de picarme y gotearme!

Se paró de inmediato, pero sólo para aparecer inmediatamente en mi garganta.
El mismo juego:

"Garganta, para de picerme;
alergia déjame en el nombre de Jesús!"

Y se fué inmediatamente.

Alguien puede pensar que ya se había terminado todo, pues está equivocado. No era el héroe en la fe que imaginaba o esperaba ser. Ganar – debes estar bromeando. ¡sólo despúes de la primera ronda!
Todos los síntomas volvieron a aparecer igual que al

21

principio. Los ojos picando y lagrimeando – una vez más, puse mis manos encima y ordené que cesara en el nombre de Jesús. De vuelta, pasó a la nariz – garganta – ojos – nariz, y sigue la rueda.

No pensaba rendirme, pero lleno de confianza puse la Palabra de Dios en contra de los síntomas. De repente tuve la impresión de que esto era como un "pulso espiritual". Bueno, hacer pulsos es algo que siempre se me había dado bien.
Así que esto siguió más o menos durante una hora. Gracias a Dios que nadie me vio haciendo esto, estaba solo en casa. Me sentía absolutamente raro. Pero ¿Qué os puedo decir?
Después de aquella misma hora tuve calma por el resto del día. La alergia se había retirado, ofendida y abatida, pero sólo para regresar más fuerte el siguiente día. Posiblemente trajo algunos amiguitos con ella.

Pero yo también me había vuelto más fuerte en la fe, así que el "pulso" continuó. Los tiempos de confrontación, es decir, los síntomas, se volvían cada vez más cortos. La victoria vino más rápidamente que el día anterior.
Esto siguió más o menos por una semana, después la alergia se fue. Nunca antes había experimentado algo similar. ¡Aleluya! ¡Que sensación! Me sentía como flotando en las nubes.

Percibí que aquello era sobre una dimensión espiritual, con efectos visibles en mi vida. De repente me di cuenta que había mucho más detrás de las cosas que antes no percibía.

De repente entendí que la Biblia es una herramienta de Dios, que hace llamar las cosas a existir o a trabajar en contra de ellas.

La prueba

Así que regresé al trabajo – refrescado, fervoroso, feliz y sin ningún problema. Durante mi ausencia mis compañeros habían hablado sobre qué hacer para nuestro entrenamiento exterior. Uno de ellos tuvo la maravillosa idea de dar una vuelta en bicicleta por nuestro barrio precioso. Había una o dos alternativas. Cuando regresé, las proposiciones para la salida ya se habían tomado y se habían votado. Increíblemente rápido las alternativas no se pusieron de acuerdo, y todos votaron por el paseo en bicicleta.
¿Todos? No – había un voto en contra, y no es difícil adivinar de quién era.

Así que, un paseo en bicicleta. Una decisión democrática por la mayoría. No le dije a nadie porqué exactamente estaba en contra de ello. No quería ser el aguafiestas de la ocasión, así que secretamente pensé "simplemente quédate en casa, no tienes porqué pasar por esto"

El día se hacía cada vez más cerca, y por supuesto, no le había contado a nadie mis planes secretos. Pero de alguna manera Jesús sí que se había dado cuenta y me habló acerca de ello.
"¿No has ya luchado sucesivamente en contra de la alergia? ¿Por qué no vas entonces?"

Muy rápidamente tuve una buena respuesta: "no quiero estresar mi sistema inmunológico demasiado después de esta gloriosa batalla, se tiene que relajar un poco. Además, no tengo que poner a prueba cosas de este tipo".
Me sentí muy listo y pensé que se veía bien argumentar con Dios con una escritura. Así almenos Él podía ver que sabía algo. Por ello añadí: "Incluso tu Palabra dice que no pongamos a Dios a prueba, también".

Esta era un buen punto a favor, hasta él no podría oponerse a este argumento. Me sentí bien y lo había hecho todo bien.

Esto era lo que pensaba.

De hecho, Jesús no le añadió nada.

La siguiente vez que abrí mi Biblia, este versículo parecía atacarme como un león hambriento:

> *Pues, como el cuerpo sin el espíritu está muerto,*
> *así también la fe sin obras está muerta.*
> Santiago 2:26

¡BINGO! Una vez más, Jesús me había pillado. Inmediatamente supe lo que Él quería decir y lo que significaba para mí.

En realidad, fue realmente claro y simple. Y yo que pensaba que guardaba un as debajo de la manga.

A través de esta palabra Él me hizo ver claramente que la fe se pone a prueba con la práctica. Entonces, ahora tenía que ponerme activo, mostrando a los demás dónde estaba firme, lo que creía y lo que realmente había ganado.

Los demás eran:
- Yo mismo
- Las personas que sabía sobre ello
- Dios
- El diablo, que me había causado aquel problema
- Y el último, pero no menos importante – la alergia.

Ahora tenía que demostrar que la fe no es solamente algo de conocimiento teórico. Tenía que demostrar que hoy en día la fe en la Palabra de Dios todavía funciona exactamente igual que en el tiempo de Jesús e incluso antes. Una fe activa y práctica, con resultados visibles y positivos.

La tortura de la bicicleta

Así que nos vamos a pasear en bicicleta. El mejor clima, y la hierba justo allí al lado. Las cosechadoras de heno estaban en plena acción, las grandes máquinas remolineando el heno seco, y estaba volando por todos lados.

Y para mí era como si todo el polen del heno de toda el área sólo tenía un objetivo: ¡mis membranas mucosas!

¡Madre mía! Esto no era sólo un simple paseo en bicicleta – ¡era una tortura en bicicleta!

Pero aun así podía sentir el Espíritu Santo justo a mi lado, dándome coraje y motivándome. Así que todo el día estuve luchando en mis pensamientos o bien, cuando nadie miraba, muy silenciosamente, proclamando las escrituras que Dios me había dado aquel día.

Ciertamente él cargó con nuestras enfermedades
y soportó nuestros dolores,
pero nosotros lo consideramos herido,
golpeado por Dios, y humillado.
Él fue traspasado por nuestras rebeliones,
y molido por nuestras iniquidades;
sobre él recayó el castigo, precio de nuestra paz,
y gracias a sus heridas fuimos sanados.
Isaías 53:4 - 5

Tomen el casco de la salvación
y la espada del Espíritu,
que es la palabra de Dios.
Efesios 6:17

El Espíritu Santo hizo que estas palabras cobraran vida para mí y sentí el poder y la verdad de estos versículos. Además, Él me dijo "Tómate estas frases personalmente, pronúncialas en primera persona. Ésta será tu espada para luchar este ataque".

Así que iba citando estas famosas escrituras de Isaías 53 y Efesios 6 en esta perspectiva:

*Ciertamente él cargó con **MIS** enfermedades*
*y soportó **MIS** dolores,*
*pero **YO** lo consideraba herido,*
golpeado por Dios, y humillado.
*Él fue traspasado por **MIS** rebeliones,*
*y molido por **MIS** iniquidades;*
*sobre él recayó el castigo, precio de **MI** paz,*
*y gracias a sus heridas **YO FUÍ** sanado.*
Isaias 53:4 – 5

***TOMO** el casco de la salvación*
*y **TOMO** la espada del Espíritu,*
que es la palabra de Dios.
Efesios 6:17

Mis ojos picabam, el polen me hacía cosquillerar la nariz…
Pero no tenían escapatoria.
Seguí firme en la Palabra de Dios.
Cuando conducía hacia casa aquella misma tarde, sabía dentro de mí: ¡Está hecho!
Y también externamente la victoria era visible: ¡no había ni un solo síntoma más! ¡Gloria a Dios!

Desde aquel momento – ahora ya hace unos 30 años – la alergia al polen nunca más ha regresado.
Sólo puedo decir:

¡Uau! -
¡Gracias Jesús!
¡Toda la honra para Tí!

De día el sol no te hará daño

Vacaciones de esquí – me gusta

Me gustaría contaros una historia más para mostraros cuán poderoso es la Palabra de Dios, y esta historia me dio mucho ánimo y me hizo aprender más.

Pero antes quiero explicar dos términos bíblicos que es importante que se entiendan bien.
Son las palabras "logos" y "rhema".

Y como ya os dije al principio, este libro no es de enseñanza, simplemente es un libro en que comparto experiencias personales y aventuras con Dios, y también retos personales que podrían ser ganadas perfectamente con la ayuda del Espíritu Santo, así que voy a hacerlo muy breve.
Para mí, la palabra griega "logos" es sobre la Palabra de Dios en general. La Biblia completa. Puedes leerla como si fuese un libro cualquiera o una revista, y no vas a experimentar nada. O puedes leerla como la Palabra de Dios; es la verdad y estás llamado a tomarla para ti mismo.

La palabra "rhema" para mí significa:
- Una palabra especial de parte de Dios
- Para un tiempo especial
- Para una situación especial
- Destacado por el Espíritu Santo

Hay situaciones cuando Dios te da una palabra especial para poder dominar una situación. Recuerda el paseo en bicicleta – tenía dos versículos especiales para poder defenderme en contra el ataque de alergia que se hiba renovando cada vez más fuerte, y así poder derrotar la alergia completamente. Esto era un "rhema".

Hay muchos libros buenos sobre ello, así que no hace falta que yo escriba uno también.

Un día mi esposa Andra y yo, nos fuimos a Austria con unos amigos de vacaciones para esquiar.
En Sölden en la región de Ötztal. Queríamos ir a esquiar en Hochsölden donde había un resort de esquí de unos 3000 metros de altitud.
Hacía un tiempo fantástico: cielo azul, el Sol brillaba fuertemente, un día pintoresco.
¿Qué más se podía pedir?

Por supuesto, con loción solar en el rostro – no demasiada y no con un factor de protección suficientemente elevado. Es decir, quería broncearme. Arriba en las pistas de esquí, disfrutando del día lo máximo posible. Todo el día.
Finalmente, llegó la tarde y con ella, llegaron también las quemaduras del Sol.
¡Quemaduras exageradas!
Mi cara estaba color escarlata, quemaba como fuego y estaba llena de ampollas. No podía ni siquiera tocar mi piel.

Así que… Bueno… ¡se acabaron mis vacaciones de esquí!
Un solo día de diversion y después desastre total.
Lo que más rabia me daba era que ya habíamos pagado por el pase de esquí y la casa de vacaciones para una semana completa.
Todos los demás estaban bien – por la razón que fuera.
Me pasé toda la tarde echándome lociones y orando para un milagro de sanación.
¡Pero nada! Ningún cambio. Estaba agonizando y mi rostro parecía un globo rojo. Por supuesto, no podía ni siquiera dormir por la noche porque no sabía cómo colocar mi cabeza.
Era un perfecto desastre, y estaba desamparado otra vez.

Amanecer grisáceo – ¡igual que yo!

No tenía ni la menor idea de lo que debía hacer. No quería estropear las vacaciones de esquí de los demás.
Como acostumbraba a hacer, pasé tiempo antes de desayunar orando y leyendo la Biblia.
I had no idea what I ought to do. I didn't want to spoil the skiing holiday for the others.
De hecho, Jesús había venido con nosotros hasta Ötztal para hablar conmigo y ayudarme.

"De día el sol no te hará daño"

De repente apareció este pensamiento y no pude sacarlo de mi cabeza. Una vez y otra vez esta frase venía a mi mente. De alguna manera lo sabía, pero no podía localizarlo. Así que le pregunté a Jesús: "¿de dónde me suena a mí esta frase?"
Me contestó que era un Salmo que yo conocía muy bien. Que una vez escribí una canción sobre ello. Y en mi Bíblia encontré los acordes que escribí hacía tiempo.
Ah, bueno – esto es de donde me suena… Jesús tiene razón – como siempre.

Resulta que desde mi juventud tocaba la guitarra apasionadamente. Hace tiempo que empecé a escribir canciones con textos bíblicos sobre la fe. Y todavía me encanta hacerlo. Escribir canciones sobre cuán grandes es Jesús y las señales y milagros que Él sigue haciendo hoy en día, o canciones de alabanza.

Recordé aquello y estaba buscando aquel Salmo, completamente equipado con acordes para guitarra, en mi Biblia. Este era mi patrón de búsqueda. Estaba contento de tener mi pequeña y vieja Biblia traducida por Martin Lutero, la cual me la regalaron mis padres en mi bautismo en el año 1970. La llevaba a todos sitios que iba. Y de vez en cuando le añadía mis notas acerca de las escrituras.

Muy amorosamente, mis padres también habían escrito una dedicación dentro de aquella Biblia:

"Para nuestro querido Günther, para que sea una bendición.

Tus padres, como recuerdo de tu bautismo.
6 de Diciembre del 1970"

Y así mismo como lo escribieron, ¡sucedió!
El Salmo 121 parecía estar riéndose de mí.

G-mayor – E-menor – C-mayor – D-mayor.

A las montañas levanto mis ojos;
¿de dónde ha de venir mi ayuda?
Mi ayuda proviene del Señor,
creador del cielo y de la tierra.
No permitirá que tu pie resbale;
jamás duerme el que te cuida.
Jamás duerme ni se adormece
el que cuida de Israel.
El Señor es quien te cuida,
el Señor es tu sombra protectora.
De día el sol no te hará daño,
ni la luna de noche.
El Señor te protegerá;
de todo mal protegerá tu vida.
El Señor te cuidará en el hogar y en el camino,
desde ahora y para siempre.
Salmo 121

¡Bam! Fue como un golpe en seco. Un Salmo increíblemente perfecto para un esquiador. Mirar a las montañas; Él no te dejará tropezar; Él es quien te cuida.
Así que nada malo me podía suceder ya. Nunca antes había visto este salmo de esta manera.

Y aquí estaba la frase:

"De día el sol no te hará daño, ni la luna de noche."

Bueno, no me preocupaba la luna por la noche en aquel momento. Pero las palabras acerca del Sol y su daño, eran concretamente para mí. Evidentemente, supe que el escritor de aquel Salmo no estaba en realidad hablando acerca del esquí.

Obviamente – quiero decir, ¿cómo, dónde y por qué?

Así que el secreto del Salmo tenía que estar en otro sitio. Mientras meditaba en esto, la inconfundible y gentil voz del Señor vino a mis pensamientos.

> "Este es tu versículo para tu día de esquí.
> Ve con los demás y agárrate a esta palabra.
> El sol no será capaz de dañarte."

Esto era irse al límite. El sol no sería capaz de dañarme. Suficiente para hacer reír a un gato. Nunca antes me había ocurrido esto.

Pero al mismo tiempo reconocía la voz de Jesús y confiaba en ella más que en todas las leyes de la naturaleza, la biología, profesores de física o cualquier otra buena opinión o consejo. No es que ellos no eran importantes para mí, pero – bueno, la Palabra de Dios y la voz del Espíritu Santo son más importantes para mí que todo lo demás.

Además, no me había olvidado de mi "batalla contra la alergia". ¿Cómo me podía olvidar de aquello? Fue tan emocionante y exitoso.

31

Crema solar o la Palabra de Dios

Así que prepárate para hacer giros paralelos. El equipo completo, la cara llena de crema solar, allí voy...
Espera, ¡así no! Me pare y pensé fuertemente. Si me pongo mucha crema solar, cuando llegue la tarde y todo esté bien, no sabré qué fue lo que realmente ayudó.

La crema solar o la Palabra de Dios.

Tenía que tomar una decisión entre – la Palabra o la crema. Victoria o derrota.

Volví corriendo hacia mi habitación, los demás ya estaban esperándome en el coche. Me lavé la crema solar de mi cara con jabón, asegurándome de quitarlo todo bien.
De acuerdo, listo.
En el espejo se volvía a reflejar la cara color granate, parecía que me gritaba:

Así que ahora te has vuelto completamente loco, ¿verdad?
Te vas a quemar desesperadamente.
Esto es totalmente irresponsable.
Acabarás en el Hospital.
¡Quédate en la casa!

Dudé un rato. De repente la manera que estaba actuando me parecía una locura. ¿Qué debía hacer? El tiempo se estaba acabando. Y en un instante, como en cámara lenta, una historia del Antiguo Testamento vino a mi mente.
Tres hombres de Dios, que no querían postrarse delante de un dios falso, fueron castigados a ser lanzados en un horno.
Puedes leer la fantástica historia completa en el Antiguo Testamento en el libro de Daniel, capitulo 3, desde el versículo 1 hasta el 30. Te lo recomiendo.

La frase que me marcó y me dio confirmación fue:

Si se nos arroja al horno en llamas,
el Dios al que servimos
puede librarnos del horno y de tus manos.
Daniel 3:17

El horno abrasador, ¡eso es! Yo sabía cómo terminaba la historia. El fuego no pudo dañar a los tres hombres porque Jesús estaba con ellos y les protegió.
Era como una confirmación para mí.
Así que dije "Chao" al rostro del espejo y entré en el coche.

Una vez más, un día absolutamente precioso con clima perfecto. Y también uno de los días más duros de mi vida.
A una altura de 3000 metros, más cerca del Sol y muy cerca de mi reto.
Mi vida prácticamente y literalmente dependía de la Palabra de Dios.

Mis pensamientos iban creciendo "¿qué pasa si estas equivocado, y solo te lo estabas imaginando?"
Como una confirmación, sentí el sol quemando en mi rostro.
La batalla ya estaba empezando. La batalla se volvió salvaje.
Me sentía como un soldado entre dos ejércitos.

El ejército blanco me estaba animando, diciendo:
- La Palabra de Dios dice que es verdad
- Aférrate a ello
- No dejes que tus pensamientos te vuelvan loco
- No todos los otros pensamientos son erróneos, pero la verdad de Dios es más correcta.
- La Victoria es tuya
- Para el que cree, nada es imposible
- …

El ejército negro me atacaba diciendo:
- Estas totalmente loco
- Las leyes de fisica son para siempre e incambiables.
- Piensa en las consecuencias.
- Quién te crees que eres retando a la naturaleza
- Vas a sufrir terriblemente
- …

Esto siguió durante todo el día. Pero estaba volviéndome más valiente y estaba aferrándome a la Palabra que tuve de parte de Dios, como si fuera una sombrilla invisible.

Era similar a la confrontación que tuve con la alergia, pero mucho más feroz.

Estaba diciéndole al Sol: Ei, ¡¿tú sabes que no estas permitido a hacerme daño?! ¡La Palabra de Dios te lo prohíbe!

Era muy valiente, puede que incluso un poco insolente.

Y todo allí arriba a unos 3000 metros de altitud, con mucho sol, muchos rayos UV y el reflejo de la nieve.

El día de esquí llegó a su fin y yo estaba hecho polvo. Pero también estaba al final de la batalla – como ganador. En la tarde yo y los demás pudimos comprobar que mi cara ya no estaba roja ni hinchada, sino totalmente normal. El sol no había podido dañarme. Más bien todo lo contrario – a pesar de los intensos rayos solares mi piel quemada se había sanado durante el día.

Cuando me miré en el espejo aquella tarde, vi un rostro familiar, satisfecho y glorioso y le dije:

Así es como se ven los ganadores – ¡que duermas bien!

Una vez más, la fe en Jesús y en su Palabra eterna, había ganado. Fue una experiencia más que influiría todo el resto de mi vida.

"¿No es acaso mi palabra como fuego,
y como martillo que pulveriza la roca?" afirma el Señor
Jeremías 23:29

El cielo y la tierra pasarán,
pero mis palabras jamás pasarán.
Marcos 13:31

Tu palabra es una lámpara a mis pies;
es una luz en mi sendero
Salmo 119:105

La Palabra de Dios es totalmente cierta y fiable. Es poderosa y capaz de vencer cualquier cosa. Durará para toda la eternidad. Seguirá incluso teniendo autoridad cuando todas las palabras de personas sabias, las palabras de cualquier fundadores de religiones u otras personas, ya hayan pasado. ¿Porqué?
Porque Jesús mismo es la Palabra de Dios.

Puedes razonarlo, investigarlo, llamarlo mentira, cuestionártelo, o lo que quieras. Nada de su veracidad jamás será cambiado.

Por mí mismo, he decidido confiar totalmente en la Palabra de Dios, incluso sin entenderlo todo todavía, y sin poder responder a todas las preguntas. Incluso si la gente viene a mí con argumentos que suenan bien y correctos pero que están en contra la Palabra de Dios, yo sigo aferrado a la Palabra. Mi condición personal no decide la verdad de la Palabra de Dios.

Riesgos y efectos adversos

Quiero advertirte también, no lo hagas igual que yo solamente porque yo lo experimenté de esta manera.

Era una Palabra de Dios,
Para un tiempo especial en una situación especial
¡para mi!
¡Un Rhema obvio!
(¡no un "reuma"-tismo!, ¡no te confundas!)

¿Cuál es el dicho?
"¡Para los riesgos y efectos adverso, lee tu Biblia
o pregunta al Espíritu Santo!"

Tienes que experimentar tus propias experiencias con Jesús, Él te guía en tus pasos de fe. Y te prometo, vas a experimentar victoria y milagros. Pero por favor, no copies mis acciones porque me funcionaron a mí.

Es mi propia experiencia, mis luchas y victorias, y las estoy compartiendo contigo, para que sepas que:

Todavía hoy, la Palabra de Dios es válida y ponderosa.
Vale la pena buscar más de Jesús.
Ves por el camino, Él ya te está esperando.
Cuenta la aventura, ¡ya viene!

Confía en Jesús y Su Palabra. Empieza manteniéndote ocupado con la Palabra de Dios y lee sobre los milagros de Jesús y sus discípulos, cómo los hicieron.

Contacta con otros cristianos que pongan esto en práctica, que ya hayan experimentado prodigios y sanidades por ellos mismos. Pero, por favor, nada de charlatanes que han oído de algún milagro, o estos que siempre tienen respuestas para todo, pero sí en los que milagros y sanidades suceden en sus propias vidas.

Es un proceso personal de crecimiento, pero es apasionante y vale la pena. Dios no tiene un método especial pero sí que tiene incontables posibilidades. Dios no es religioso, él te ama y quiere trabajar contigo, considerando tu personalidad. Después de todo, Él ya te lo ha dado.

Los próximos relatos de sanidades y otras obras de Dios pueden:
- sorprenderte
- asombrarte
- entusiasmarte
- confundirte
- encenderte
- motivarte

Algunos sucesos pueden parecer poca cosa para ti, pero cuando uno se encuentra en una situación similar, teniendo dolores o problemas, es grande para el que lo vive. Y te sientes muy agradecido cuando se van.

Los relatos son para honrar a Dios y muestran las obras de Jesús en nuestro tiempo hoy. Muestran cómo crecí en la fe, paso a paso, usando mi autoridad y la sanidad se multiplicó.
Te dije al principio, tanto Andra como yo, or las personas mismas, te están contando su relato, así como lo experimentaron. En este caso, lo he escrito en primera persona.

Pueden ser reconocidos por el título.

Abróchate el cinturón – preparados - ¡vamos allá!

En este espacio puedes tomar algunas notas sobre lo que ya has leído, para reflexionar más tarde.

Relatos de sandidad Parte 1

Adiós dolor de hombro
Sanidad de un esguince de hombro muy doloroso

Relato de un estudiante de 16 años:
Me he caído sobre mi hombro derecho en la escuela. Desde entonces prácticamente no puedo moverlo. Duele muchísimo. El mismo día por la tarde tuvimos escuela Bíblica en la iglesia "Jesus Gemeinde Bamberg", y le pedí al pastor que orara por mi hombro. No quería irme al doctor todavía porque creía que Jesús me sanaría.

Después de la oración el dolor casi había desaparecido, podía mover mejor mi brazo. Regresé a casa muy animado pensando que seguía moviendo mi brazo, el dolor se iría completamente.

Jesús no había terminado con ello todavía – pero lo llevaría a su fin.

Y de echo fue así. Días después, el pastor me pregunto sobre ello. El dolor se había ido totalmente y funcionaba normalmente.

¡Los ojos están para ver! -
La bondad de Dios no entiende de edades

Relato de una abuelita (80 años):
Estaba trabajando en la cocina, cuando de repente, un velo cayó sobre mi ojo derecho y casi no podía ver nada. Sólo podía ver un poquito de luz.

El doctor, al cual acudía normalmente, me dijo que era capaz de hacer nada para mi ojo, que tenía que acostumbrarme a ser totalmente ciega de aquel ojo.

Yo no me desanimé con el diagnóstico, porque ya llevaba muchos años viviendo con Jesús, cuando sucedió esto, y yo conocía muy bien a mi Salvador. Confié en Él, en su bondad y su gracia, y oré para sanidad en mi ojo

También, en la iglesia, oraron por mi ojo, y que la ceguera se fuera en el Nombre de Jesús.

Durante las siguientes semanas, mi visión en aquel ojo fue mejorando paso a paso, hasta que incluso pude hacerme otro chequeo con el doctor. La única cosa que no pude leer fue la última línea que era de letras muy pequeñas. Pero sabía que incluso esto se pondría bien también.

El velo en el ojo se fue y sigue perfectamente hasta el día de hoy.

Alabo a Jesús por ello.

¡Encorvado por 30 años!
Sanidad de una curvatura lateral de la columna vertebral

Otra mujercita anciana:
Hace 30 años, cuando todavía trabajaba, un día tuve que subirme a un banquillo para sacar algo del ahumadero. En aquel momento me resbalé y me caí de lleno sobre el suelo de hormigón lateralmente. Después de ello tuve un increíble dolor y unos meses después me di cuenta que mi columna vertebral se había desplazado, estaba torcida. No podía hacer nada por ello, así que viví con ello durante 30 años.

Durante un servicio Pentecostal en la Iglesia, el Espíritu Santo se movía de manera poderosa. El poder de Dios vino sobre mí y Jesús empezó a agitarme. Estaba como saltando arriba y abajo violentamente, y al principio no sabía lo que estaba ocurriendo. Para una mujer de mi edad, esto no es manera de comportarse en un servicio, normalmente... Pero sabía que era Jesús, por ello lo permití.

Después de ello, estuve sorprendida de notar que la curvatura lateral de mi columna se había ido, i que podía enderezarme otra vez sin ningún dolor. Era un sentimiento que ya había olvidado, pero fue hermoso poder estar derecha después de 30 años.
Experimenté el poder sanador de Dios de una manera muy inusual y en una edad avanzada.

Gracias Dios, que la edad no es un obstáculo para que Jesús actúe.

Un tendon roto… ¡Sanado!
(Sin necesidad de cirugía)

Una joven nos cuenta:
He sido atacada en mi vecindario por un joven borracho y mi mano quedó lesionada.Ya no podía mover el anular. Fui al médico, me examinó y detectó una rotura del tendón en este mismo dedo.
Debía de operarse lo más pronto posible para que el dedo no quede rígido para siempre. Pero antes de todo mi mano debía desinflamarse, estaba bien dañada…

En la iglesia, el pastor vino hacia a mí, preguntándome lo que me había ocurrido.
Le conté todo y antes de la reunión pudimos orar y ordenar a este tendón roto que vuelva a funcionar como antes - en el nombre de Jesús.

Una semana después…
Estoy en la reunión de la iglesia y el hinchazón de mi mano ha desaparecido totalmente. Mi dedo funciona sin ningún dolor. Mi tendón esta de nuevo cumpliendo su función, ¡y eso dejó al médico frente a un misterio!

¡No hacía falta operación pues Dios ya me había sanado!

Sistema Inmunitario descontrolado
Intentando rechazar a todos los músculos del cuerpo, ¡el sistema inmunitario se rinde ante JESÚS!

Relato:
En la madrugada del domingo 11 de noviembre de 2012, un hombre de 47 años, de nuestra iglesia, fue llevado al hospital de urgencias.
Podía difícilmente mover su cuerpo y sus miembros estaban sin fuerzas. Era incapaz de levantar un pie, agarrar un simple vaso o abrir una botella.

Los médicos a su cargo detectaron un fallo en su sistema inmunitario. De repente se encontraba luchando contra sus propios músculos. Todos los músculos estaban inflamados y le provocaban un dolor insoportable. Los médicos no sabían lo que pasaba.

El domingo por la mañana, en la iglesia, su mujer nos contó el estado crítico de su esposo.
Al principio de la tarde, Andra y yo fuimos al hospital a visitarlo. Nos confirmó el diagnostico de los médicos y que tenían que esperar las ultimas analíticas del laboratorio para intentar buscar un tratamiento. Eso involucraría una dosis muy fuerte de cortisona y un posible riesgo de no volver a moverse en el futuro.

Entonces, pusimos nuestras manos sobre él, orando por sanidad y ordenando a esta enfermedad que se vaya en el nombre de Jesús. Declaramos total restauración del cuerpo y un correcto funcionamiento del sistema inmunitario…

Después de unos dos minutos, la fuerza volvió en sus extremidades y delante de nuestros ojos pudo sostener una botella llena de agua.

Levantó sus piernas, las dobló, ¡cuando antes de orar le era imposible hacerlo!

¡Gloria a Dios!

El dolor disminuyó pero seguía sin estar bien del todo. Mejoró en las próximas dos horas.

El domingo siguiente, pudo volver a la reunión de la iglesia, y nos contó que los médicos le dieron el alta porque no encontraban nada más que hacer en su caso.
Las analíticas daban resultados normales, los médicos no tenían explicación sobre esta situación.

¡Y por fin! El sábado estaba en su jardín cortando madera… ¡su fuerza había vuelto a cien por cien!

Jesús es tan bueno y solo en SU nombre hay poder para vencer la enfermedad.

¿"Oracion de sanidad"?
Actualmente, la oración de sanidad es un mandato

Aquí me gustaría explicar algo muy importante.
Para mayor comprensión, estamos hablando de oración para sanar. La gente debe entender esto.

Pero actualmente, más que oración de sanidad es una orden, un mandato.
Porque "orar" es hablar con Dios y escucharlo.
No solamente oramos por sanidad, sino que hablamos y ordenamos al problema que se vaya porque Jesús nos dijo de hacerlo.
En este caso, no ordenamos a Dios (¿cómo íbamos a hacer esto?) pero a la "montaña".

Les aseguro que, si alguno le dice a este monte:
"Quítate de ahí y tírate al mar",
creyendo, sin abrigar la menor duda de que lo que dice
sucederá, lo obtendrá.
Marcos 11:23

*Pero Pedro **dijo**:*
No tengo plata ni oro, pero lo que tengo te doy.
En el nombre de Jesucristo de Nazaret,
¡levántate y anda!
Y tomándolo por la mano derecha, lo levantó.
Al instante los pies y los tobillos del hombre cobraron fuerza.
De un salto se puso en pie y comenzó a caminar.
Luego entró con ellos en el templo con sus propios pies,
saltando y alabando a Dios.
Hechos 3:6-8

Y hay muchas más escrituras similares a estas. Anotad por favor, que a Dios **no** se le ha pedido nada en esta oración.

Jesús dijo: no dudéis en vuestros corazones pero creed y lo que digáis será hecho…y **hablad** a la montaña (= problema, enfermedad…)

Pedro **no** oró: "Ò Jesús tu que estas en el cielo, sé que tú puedes sanar a este hombre…míralo pobrecito. Ten misericordia con él y por favor sánalo, si quieres."

¡NO!!!!!!!!

Pedro habló con fuerza, entusiasmo y convicción, él estaba convencido de lo que Jesús le había dicho. El conocía la voluntad de Dios pues había estado con Jesús, testigo de innumerables sanidades y señales y otros milagros que hizo. Él no tenía duda, sabía cómo lo tenía que hacer…

En él no había este tipo de preguntas como…
- ¿Será la voluntad de Dios?
- ¿Esas instrucciones de Jesús valen para aquí y ahora?
- ¿Estará paralizado porque no ha entendido aun lo que Dios le quiere enseñar?
- ¿Por qué no ocurre nada?
- ¿Se reirán de nosotros y de Jesús al orar así en público?

Dejadme explicaros algo brevemente.

Una cuestion de autoridad

Lo que voy a explicar ahora tiene que ver con el testimonio sobre la fiebre alta y sobre las quemaduras del sol durante las vacaciones de esquí. Es algo que entendí y que la palabra de Dios explica de forma muy clara.

Yo tengo la autoridad de Jesús
para actuar en SU nombre.

Eso quiere decir: sé lo que Jesús quiere, lo que funciona y lo que puedo (o no) hacer. Eso es la comprensión de la autoridad y la fe. Creerle a Dios y a Su palabra porque Él lo dijo y lo explicó así.
Yo actúo como persona autorizada, ¡en el nombre y el poder del que me dio ese trabajo por hacer!

Quiero ilustrar esta enseñanza con un ejemplo de mi trabajo como policía…
El estado me ha contratado para este empleo que consiste en hacer aplicar la ley y hacerla cumplirá a raja tabla. Ha costado tiempo y dinero entrenarme y formarme hasta que pude salir a las calles. He adquirido una placa de identificación que justifica que soy una persona autorizada por otros a hacer respetar la ley.
Todo lo que necesito es útil para mí: un uniforme, un arma, un coche de policía, ordenador, papeles, salario y demás…

El tiempo que trabaje como agente autorizado, el estado me apoya porque es mi empleador y me respalda en todas mis acciones. Me protege.

¿Hasta aquí me seguís?

Una mala interpretación de mis funciones, sería por ejemplo, que llame a mi jefe para que quite una multa a un nuevo conductor mal aparcado.

Este me diría probablemente: "Es tu trabajo, ¿no? ¡Te he dado autoridad para hacer esto!"

Con nuestra fe ocurre lo mismo…
Jesús nos ha dado permiso para hacer las cosas en Su nombre; hablando a los problemas y a las enfermedades para cambiarlos.

Hay dos pasajes bíblicos muy evidentes sobre este tema:

> *Después de esto, el Señor escogió a otros setenta y dos*
> *para enviarlos de dos en dos delante de él a todo pueblo*
> *y lugar adonde él pensaba ir...*

> *...sanen a los enfermos que encuentren allí y díganles:*
> *"El reino de Dios ya está cerca de ustedes"*
> Lucas 10:1+9

> *Sí, les he dado autoridad a ustedes*
> *para pisotear serpientes y escorpiones*
> *y vencer todo el poder del enemigo;*
> *nada les podrá hacer daño.*
> Lucas 10:19

Y es exactamente lo que hicieron los discípulos.
- – Recibieron la orden
- – Recibieron la autoridad
- – Actuarían en el nombre de Jesús
- – Han recibido poder
- – … ¡y funciona!

Más me involucro en esto, entendiéndolo y poniéndolo en práctica, más cosas ocurren a mí alrededor. Soy testigo de numerosas sanidades prodigiosas y milagros en mi vida.

Sucede igual para mi esposa.

Muchas veces, otros cristianos nos confrontaron diciendo que no entienden este tema de esta manera; y qué pasa con los que no se sanan, y porque todos no son sanados…
Casi siempre respondemos igual.

Podemos ver las cosas así porque Jesús también la vio.

Y

**En el momento mismo, no todos son sanados pero…
¡más y más lo son! ¡
Mejor poder sanar a uno que a ninguno!**

¿Porque perder tiempo en discusiones teológicas con personas resentidas? No puedo traer respuesta a todo. Jesús tenía el mismo conflicto con los fariseos y los escribas de la ley es su época. Su respuesta para ellos era distinta,
¡muy distinta!
Jesús les dejaba plantados, daba media vuelta y sanaba y liberaba a la gente que sí, creía.

Hay muchos libros que dicen que no hay más milagros hoy en día, que ya no necesitamos el poder del Espíritu Santo, que no todo cristiano está llamado a esto, y más argumentos…
No sé cómo esta gente ha llegado a esta conclusión.

Para mí, personalmente, ¡los libros que difunden tales argumentos no se merecen ni el papel usado para escribirlos!

Y aquí llegamos al testimonio de nuestro viaje misionero a Argentina.

**Ajustad vuestros cinturones, quedaros quietos,
¡ahí vamos!**

Aquí dejo un espacio libre para que apuntéis notas de lo que habéis leído.

Relatos de sanidades Parte II

Una paraliticia sanada
"Una joven en silla de ruedas saltando...
¡y muchos más milagros de sanidad!"

Relato:
En abril 2012, Andra y yo estábamos de viaje para predicar en La Plata, Argentina:
Este domingo 29 de abril 2012, estaba predicando en el Club Atenas, un gran gimnasio utilizado por la congregación "Un Estilo de Vida" para sus reuniones. Su propia iglesia ya no podía acoger los 2500 miembros (o más en este tiempo...), y cada semana el número de miembros iba creciendo.

Yo predicaba sobre Jesús, como seguía encontrando y sanando a gente. Durante el mensaje, iba demostrando el poder de la Palabra, y muchas personas fueron sanadas.
De repente, me encontraba frente a un joven entre 16 y 18 años, ¡sentado en una silla de ruedas...!

¡Mamma mía! ¿Y qué hago ahora?
Mi cabeza daba vueltas... ¡Un niño en silla de ruedas y más de 2000 personas expectantes mirándome!
¡Señor! ¡Ayúdame!
¿No podía haber sido una persona con dolor de cabeza?
Bueno...pero la palabra "fe" quiere decir actuar y confiar.
Así que, ¡aprieta los dientes y empieza a hacer algo!

A través del micrófono (para que todos pudieran escuchar), le pregunté cuál era su problema.
Me contó que había sido miembro de una pandilla callejera, y al involucrarse en una pelea armada, le dispararon cinco balas en la columna vertebral, algo inoperable que le dejaba rasgos por dentro.

A partir de las caderas, su cuerpo estaba paralizado.
Sus piernas ya no sentían nada y no podía moverlas para nada.

Jesús me recordó una palabra del libro de los hechos, cuando Pedro y Juan sanaron al paralítico a la puerta del templo. Le dieron sus manos y lo levantaron en el nombre de Jesús. Lo podéis leer en Hechos 3:25.

Valiosamente, yo hice lo mismo pero… ¡nada sucedió!
Con la ayuda de dos personas, puse al chico en pie fuera de su silla, pero no se podía aguantar por sí solo.
Intentábamos que diera unos pasos pero lo teníamos que llevar otra vez a la silla porque sus piernas no respondían.

Entonces recibí una palabra profética de Jesús para él, de que cuando volviéramos al año siguiente, correría con él alrededor del Club Atenas.
Me miraba atónito, está claro que no había recibido sanidad…

Pero yo pensaba: "¡vale! ¡Ya veremos lo que pasa!"

Llamé a la gente para que entregarán sus vidas a Jesús.
Él quería salvar vidas AHORA, ofrecerles perdón de pecados y darles vida eterna.
Cuán grande fue mi sorpresa cuando vi subir a la plataforma el joven de la silla de ruedas, ¡deseoso de darle su vida a Jesús!

Aleluya - esto más vale que cada cura.

Les digo que así es también en el cielo:
habrá más alegría por un solo pecador
que se arrepienta que por noventa
y nueve justos que no necesitan arrepentirse.
Lucas 15:7

Dos días después, nos fuimos en un vuelo hacía Brasil. Entonces recibimos un correo desde La Plata que contaba que un joven en silla de ruedas volvió a la siguiente reunión con la iglesia.

Con total libertad, contó que la siguiente semana después de que orásemos por él, podía sentir sus piernas y la podía mover un poco.

¡Hubo gran alegría en toda la iglesia!

Durante el año, no volví a saber nada de aquel chico…

En noviembre de 2012, el pastor de la iglesia de La Plata, Raúl Reyes, participó en nuestra conferencia "Ven Espíritu Santo" en Bamberg. Tuvimos una conversación sobre el chico paralítico y le pregunté cómo se encontraba ahora. El pastor Raúl me contó que, efectivamente el chico caminaba de nuevo y venía frecuentemente a la iglesia.

Estaba completamente restaurado, ¡lo único es que se le había olvidado contárnoslo!

Un año más tarde, volvíamos a La Plata para una reunión en el Club Atenas. Yo miraba si veía aquel joven. Me acordaba de mi promesa y estaba preparado. ¡Quería preguntarle lo de sus piernas y grabarlo porque era algo increíble!

Entonces lo llamé entre la multitud de gente para que subiese al escenario conmigo. No me acordaba de su rostro ni de su nombre así que lo llamé en público…pero no vino.

Un hombre se acercó diciendo que era amigo suyo, y me dijo que hoy no había podido venir pero que se encontraba bien, que podía correr y seguía yendo a la iglesia.

Pensé:" ¡qué pena! Hoy… ¡solo hoy y no puede estar aquí para contarlo!"

Esperaba tanto este momento… ¡Bueno! ¿

Pero acaso no es maravilloso mi Jesús? ¡Aun cinco balas en la espalda no son NADA para él!

¡A él sea la gloria y el honor por este milagro grandioso!

Mas milagros

Durante nuestro viaje de ministración en Argentina y Brasil, mucho más gente fueron sanados. Predicábamos el Reino de Dios, su amor y gracia... El Espíritu Santo nos revelaba como enseñar y demostrar la Palabra. Cada vez que lo hacíamos así, la gente se sanaba.

Para Andra y yo, era otro nivel de autoridad y una nueva facilidad que desconocíamos para ministrar sanidades y milagros. Muchas salvaciones y liberaciones ocurrían a nuestro alrededor.

Calculos renales disueltos

Estábamos invitados a un cumpleaños... Entre los numerosos invitados, había un hombre mayor que no podía ni sentarse ni estar en pie debido al dolor que sentía.

Había hecho el esfuerzo por asistir a la fiesta, pero después de un rato, estaba retorcido de dolor y con la cara en sudor. La causa, nos explicó, eran unos cálculos renales que le habían diagnosticado hace poco.

En el nombre de Jesús, ordené que esos cálculos se disolvieran.

Unos minutos después, el hombre se fue al baño, y mientras orinaba él vio como salían unas piedrecitas que su riñón estaba expulsando; las podía ver caer en el váter!

Al rato, ¡no tuvo más dolor y lo celebremos con él, alegres!

Dolores que desaparecen

Durante años, una mujer sufría dolores violentos en todo su cuerpo y ningún médico le había podido detectar la causa, dejándola sin solución.

Después de orar por ella, cayó al suelo bajo el poder de Dios. Cuando volvió en sí, le pregunté qué tal se encontraba y me dijo: "¡espectacular!"

Aún días después de la oración, los dolores en su cuerpo no volvieron a aparecer y por fin, la mujer podía descansar...

Manos torcidas sanadas

Una mujer mayor tenía artritis en la mano, hasta tal punto que sus dedos torcidos no se podían abrir.

Toda la iglesia le ayudaba a diario en las tareas que ella no podía realizar a causa de su enfermedad.

Hablé específicamente a esa artritis y le ordené que dejara a la mujer en el nombre de Jesús.

En el mismo momento fue sanada y mostró su mano a la iglesia. ¡La levantó, tensando los dedos y moviéndolos con libertad!

Sanidades y prodigios sin parar

Rodillas estropeadas, diversos dolores, artritis en la muñeca, hernias discales y muchas más dolencias fueron sanados durante esas cinco semanas en las reuniones.

¡Era emocionante ver lo que Jesús hacía!

Sabéis, cuando alguien me dice que hoy en día no existen más los milagros pienso: "¡Debo de estar en otra película entonces!"

Cada día sucede algo alrededor del mundo, incluso aquí en Alemania, en Bamberg! Donde los cristianos empiezan a orar en el poder del Espíritu Santo y en el nombre de Jesús, hay salvación, sanidades, milagros y otros prodigios se manifiestan.

Estas cosas son totalmente naturales… ¡o deberían!

Urticaria sanada, ¡Huesos que crecen!
Una enfermedad incurable…sin embargo sanada.

Una mujer nos cuenta…
"Durante años, he padecido urticaria. Dolía mucho y era muy pesado. Parecía como si me azotaban…Toda mi piel estaba recubierta de ronchas y sentía como bichitos comiéndome por dentro. Me rascaba continuamente, a veces hasta tal punto que sangraba. El medico decía que tenía que vivir con ello, el urticaria era incurable y tan solo se podía aliviar con un tratamiento, así que regularmente tomaba corticoides.

En una de las reuniones anteriores, oraron por mi…y desde este día se me fue el urticaria, ¡el medico no lo podía asimilar!

También tenía otro problema. Después de una operación del fémur en la cual me tuvieron que recortar el hueso, me faltaba un par de centímetros…tenía una pierna más corta que la otra. A parte de lo anti-estético que resultaba esto, me dolía mucho la espalda, los lumbares y más cosas, y siempre tenía que llevar una plantilla en uno de mis zapatos.

Pero…Después de una predicación sobre la autoridad del creyente, una mujer de la iglesia oró conmigo. Puso en práctica lo que acababa de escuchar y ordenó al hueso que vuelva a crecer. Y en este mismo momento… ¡ocurrió!
¡Ahora tengo dos piernas de la misma medida y no necesito ninguna plantilla en el zapato!

¡A Dios sea todo el honor!
¡Lo que es imposible para el hombre es posible para Dios!

El final del alcolismo
Jesús libera!

Un hombre de 43 años nos cuenta...
He crecido en la antigua Rusia y habiendo estudiado música, me junte con una banda "heavy metal".
Tocábamos en varios eventos, estaba muy absorbido por este trabajo, y siempre estaba rodeado de alcohol.
Me casé, tuve dos hijos y tenía una vida normal hasta que me puse a beber más y más sin poder saciarme nunca. Los negocios, excesos y el alcohol me hicieron caer en una espiral sin fin. Mi matrimonio se fue a bajo y con él, todo lo demás.

Entonces me fui en Alemania con mi madre y mi hermano. Conseguí un piso y un trabajo en una fábrica. Y el alcohol seguía en mi vida...En esta época me divorcie y mis hijos se quedaron con mi ex-mujer.

A través de unos amigos, conocí a Jesús. Supe que era el hijo de Dios y que quería perdonar mis pecado.
Decidí entregarle mi vida, oré para que me perdone y me librase del alcohol.

También empecé a juntarme con la iglesia donde encontré gente que oraban, me soportaban y me mostraban que, a pesar de mi adicción, yo tenía mucho valor para Jesús.
Siempre me animaban a no abandonar, Jesús iba a ayudarme.

Entonces pensé en el único detalle que hacia mi vida inestable e insegura, el punto crucial de mi cambio: morir por culpa del alcohol o morir a mi "yo", y aceptar ser libre a través de Jesús. Debía decidir entre abandonar mi vida y morir, o confiar plenamente en Dios.

Entonces, acerca de las doce de la noche experimenté algo horrible, era espantoso.

Podía sentir los demonios, los escuchaba burlándose de mí, diciéndome que me iban a matar.

Lloraba a Jesús que me ayudase y de repente tuve un impulso: "¡Llama al pastor!"
Gran idea después de las doce, ¿no? Sabía que el pastor tenía un contestador automático en su oficina y probablemente no contestaría a mi llamada.
Pero no me importaba, debía de intentarlo, ¡así que llamé!
Y lo imposible… ¡ocurrió! ¡Me cogió el teléfono! Escuchó mi historia y vino a mi casa corriendo .

Oró conmigo ordenando a los demonios del alcohol de dejar de molestarme. Entonces podía sentir como algo oscuro y malvado dejaba mi cuerpo y mi mente.

Eso pasó hace pocos años pero hasta el día de hoy estoy libre del alcohol, ¡mi vida cambió radicalmente!

Y eso sin padecer síndrome de abstinencia ni tomar ningún tratamiento, simplemente… ¡Jesús me liberó!

Mi vida le pertenece, y en cada sitio donde tengo la oportunidad para hacerlo, ¡cuento a la gente sobre su poder liberador y restaurador!

El borracho dentro de mí está muerto, ¡pero Jesús me ha hecho vivir de nuevo!

Demonios huyen

Jesús es más fuerte que los demonios

Entre otras cosas, una de las instrucciones que Jesús dio a sus discípulos fue:

"Sanad a los enfermos, echad fuera demonios"

Esas dos cosas van juntas.
Como lo explica la Biblia, los demonios son espíritus malvados subordinados por el diablo, con la misión de alejar a la gente de Jesús y destruir sus vidas.

Jesús aniquiló a los demonios a través de su muerte en la cruz, les quitó todo poder y les exhibió, derrotados, en público.

Desarmó a los poderes y a las potestades,
y por medio de Cristo los humilló en público
al exhibirlos en su desfile triunfal.
Colosenses 2:15

Aquí, el apóstol Pablo, quién escribió este versículo, se refiere a un antiguo costumbre de los romanos.
Después de una victoria en una batalla, el comandante se paseaba por la ciudad en una procesión triunfal.
Detrás de él, los enemigos seguían encadenados, empezando la fila el rey derrotado y sus poderosos aliados. ¡desnudos!
Toda señal de poder, honra y supremacía les eran quitado y eran humillados por completo a la vista de todos.
Eran expuestos públicamente ante su propia derrota, como monos de circo. Así se demostraba al pueblo quién era el verdadero rey, y todo poder y autoridad del otro acababa en este momento.

Era una fiesta pública y una procesión triunfal. Generalmente, la gente lanzó se niegan, excremento y otras cosas desagradables en los enemigos derrotados.

Pablo escoge esta imagen para explicar lo que pasa a través de Jesús en la cruz: una procesión triunfal sobre satanás y sus seguidores. Jesús les presenta para demostrar que el poder del diablo ha acabado.

Es la razón por la cual los seguidores de Jesucristo pueden coger esa autoridad sobre los demonios y esos tienen que… pues si… ¡SOMETERSE!
¡El poder de Jesús es muchísimo más fuerte que el de satanás! ¡Este esta derrotado! ¡Aleluya!

La procesión triunfal es algo muy interesante y motivador cuando estamos frente a "potestades del maligno".

Hablando de esto, ¡no todo el mundo molestado por el diablo es automáticamente poseído por él! Esto no es como la película del "Exorcista" o "Rosemary babi" u otras pelis de horror.

Una chaqueta sucia

En mi opinión, alguién que esta poseído ya no tiene control de sí mismo pero está muy controlado por fuera. ¡Incluso aquí el poder de Jesús es más fuerte y victorioso!
La mayor parte de la gente que ha tenido "contacto" con los demonios sufre bajo la influencia negativa de esos, como a través de adicciones, conductas y actitudes destructivas (…). Pero normalmente la gente sigue teniendo el control de su mente.

Me gusta comparar esas influencias con una chaqueta sucia, puesta encima de los humanos por los demonios. Esa prenda es el permiso de sus acciones destructivas. Debido a la orden "en el Nombre de Jesús", un espíritu de arrepentimiento conecta con la persona y cambia su actitud, y los demonios tienen que abandonar e irse con su "chaqueta sucia".

Esa chaqueta mal oliente y sus demonios se usa sobre las vidas de aquellas personas que se divierten con asuntos equivocados y entregan sus almas a esas ocupaciones.
Empezando por liarse con el ocultismo, películas de horror, cierta música o literatura, cosas diarias maliciosas. Como solo miran el horóscopo para "hacer la gracia" aunque dicen que no creen en esto.
Mentir, robar, murmurar y muchas más cosas pueden abrir la puerta en nuestra alma y nuestra vida, dejando que poderes negativos entren en ella.
Las drogas, en especial, dejan una entrada fácil porque atacan directamente a la psicología de la persona, y por mucho tiempo, he visto como seguía operando en gente que la había consumido.

La sociedad de hoy niega la existencia de los demonios, buscando explicaciones científicas y psicológicas. Muchas enfermedades deberían poderse curar pero… ¡muchas cosas que siguen sin remedio!

Cuanto más la sociedad se aparte de Dios y se su Palabra, más las enfermedades psicológicas y condiciones desastrosas aumentarán en las vidas y en los hogares.
Eso nos debería de hacer reflexionar.

¡Es incluso sorprendente que surjan más y más películas con escenas de demonios y espíritus, si supuestamente la gente dice que no cree en esto! Y en la iglesia católica, existe el típico "exorcismo" que se practica en muchos países hoy en día.

El verdadero Caza-Fantasmas!

Entonces no es sorprendente que Jesús haya dado autoridad a sus discípulos para echar fuera demonios de la vida de la gente (¡está claro que esos no se van a ir voluntariamente!) y… ¡funciona!

Habiendo reunido a los doce,
Jesús les dio poder y autoridad
para expulsar a todos los demonios
y para sanar enfermedades.
Entonces los envió a predicar el reino de Dios
y a sanar a los enfermos.
Lucas 9:1-2

Jesús hizo lo mismo con otros 72 seguidores suyos.

Después de esto, el Señor escogió a otros setenta y dos
para enviarlos de dos en dos delante de él a todo pueblo
y lugar adonde él pensaba ir.
Lucas 10:1

Cuando los setenta y dos regresaron,
dijeron contentos:
Señor, hasta los demonios se nos someten en tu nombre.
Lucas 10:17

¡Mamma mía! ¡Que declaraciones tan poderosas!

¡Acuérdate de esto! ¡Quiero animarte a que tomes la Palabra de Dios en serio y te reto a convertirte en un verdadero "caza-fantasmas" para Jesús!

Relatos de liberaciones

Pesadillas

Un día, una mujer joven vino a nosotros en busca de ayuda porque tenía terribles pesadillas. Veía caras horribles y sentía depresión y miedo de la vida en general.

Primero oramos por discernimiento para saber de donde provenían estas cosas, porque los demonios necesitan una puerta abierta para entrar en la vida de la gente.

Entonces la chica nos contó que su novio era un adepto de las películas de horror y que de vez en cuando las veía con él. A ella también le gustaba pero últimamente no las podía mirar igual.

Entonces la llevamos al arrepentimiento por ello y después, ordenemos a este poder que la dejará en el Nombre de Jesús.

Inmediatamente sintió algo malo salir de ella. Desde este mismo momento, no tuvo más pesadillas, y tampoco miró películas de horror. ¡Jesús la liberó!

¡Un niño de 3 años gana!

¡Ah! ¡Otro acontecimiento increíble que os quiero contar!

Estábamos cenando con unos amigos cristianos y su hijo de tres años, que ya se iba a la cama.

Después de un rato, el niño bajo de su habitación llorando de susto. Cuando su madre le preguntó lo que pasaba, el pequeño le explicó sollozando: "¡Hay una cosa mala en mi cuarto y me asusta!"

Hablemos con él y lo pudimos tranquilizar. Como él conocía un poco sobre Jesús, le expliquemos el poder de Su nombre y que esto es lo que echará el mal si volviera a su cuarto.

Se le dijimos primero: "¡Tú! ¡Cosa mala, vete! ¡En el nombre de Jesús!·"Algo muy sencillo para un niño, pero eficaz.

Saltando de alegría, el niño se fue para su cuarto. Durante un rato, no escuchemos nada y pensemos que el asunto estaba arreglado. Cuando de repente, regresó a bajo indignado, diciendo: "La cosa mala sigue ahí y se me ha olvidado que decir."

Una vez más le repetimos la oración. Muy motivado, se fue otra vez hacia arriba. ¡Ya no lo escuchemos más en toda la noche!

Al día siguiente, nos encontramos con su madre y le preguntemos si el niño durmió bien. Nos contestó que no había entrado en su cuarto en toda la noche; pero cuando el pequeño bajó por la mañana, ella le cuestionó sobre la "cosa mala". Su hijo, más que contento, le contó que al volver a la habitación seguía ahí, pero que en voz alta le gritó: "¡Oye! ¡Cosa mala! ¡Vete de mi cuarto en el Nombre de Jesús!".

Y así desapareció la cosa mala.

¡Fijaos! Un niño pequeño usó el Nombre de Jesús confiando, y encontró la paz.

Experimentamos este tipo de cosa a menudo.

Actuar como niños y actuar conforme a la biblia produce resultados bíblicos. Jesús no subestimó a los niños…

Entonces dijo:
Les aseguro que a menos que ustedes cambien
y se vuelvan como niños,
no entrarán en el reino de los cielos.
Mateo 18:3

Eso no quiere decir volvernos infantiles, pero tener fe como un niño.

Ellos no entienden bien las cosas pero van confiadamente porque papa está aquí y tiene el control. "¡Mi papa es el más fuerte y puede con todo!"

¿Para qué nos sirve esto? Para las cosas que están en nuestro camino y nos bloquean en cuanto al reino de Dios y sus principios.

Siempre necesitamos una explicación lógica para todo y una razón para cualquier cosa.

¿Cómo es diferente un niño en este aspecto?

"¡Papa lo dijo entonces es verdad y voy a hacerlo!"

¿No habéis experimentado esto de pequeño? ¡Seguro que sí! Es una verdad, y por eso Jesús coge a los niños como ejemplo de fe.

Y es exactamente por eso también que yo tomo la palabra al pie de la letra, porque Jesús dice y cumple. Es la razón por la cual empecé este emocionante viaje en el país de la fe.

¡Seguidme y creed conmigo!

Más fuerte de lo esperado

Estábamos reunidos en la iglesia de unos amigos en La Plata, Argentina. Después de la predicación, tuvimos un tiempo de oración para la gente, y me fijé en un joven apoyado en la pared. Parecía totalmente desinteresado mientras a su alrededor se producían sanidades, gente caían al suelo, gritando, llorando de alegría.

Una mujer vino a mí, pidiéndome oración por aquel muchacho...era su hijo. Me acerqué y le pregunté si podía orar por él. Sacudió los hombros, como aburrido por mi pregunta, y podía observar su mirada llena de oscuridad.

Lo miré un poco más de cerca. Estaba muy dejado, olía a alcohol y marihuana. Su apariencia me hizo saber que seguramente no conocía a Jesús todavía, y que en este preciso momento estaba muy "colgado" bajo los efectos de las drogas.

Oré diciendo: "¡Señor! ¡Este chico necesita ayuda!"

Jesús dijo: "Solamente pon tus manos en sus hombros, confía y déjamelo a mí…"

Cuando el chico movió los hombros de aquella manera, pensé que me daba su permiso para que orara por él, así que puse sobre él mis manos y dije:
"Jesús por favor, muestra a este joven tu amor y tu poder."

Entonces, me retiré esperando a ver lo que iba a pasar. Él no se movía, se quedó pasmado delante de mí. De repente, empezó a temblar, a sudar por cada poro de su piel y casi no se podía sostener de pie.
Entonces se puso a gritar de una forma que nunca había escuchado antes; era inhumano, diabólico, espantoso.

En este momento, supe que los demonios se estaban manifestando por enfrentarse con la presencia de Jesús.
El chico se movía con violencia, balanceando sus brazos a sus alrededor, espuma salía de su boca y, mientras destrozaba las cosas a su alcance, cayó al suelo. Todo ese tiempo estaba gritando.

Le cogieron unos encargados de la iglesia y le apartaron del resto de la gente. Eran cuatro o cinco personas y casi no lo podían sostener. Lo llevemos a una sala detrás y lo libremos de los demonios en poco tiempo.

Después, él dio su vida a Jesús, lo recibió como su Señor y salvador y volvió a la normalidad.
Yo estaba asombrado de ver como Jesús actuó, ¡lo que hizo fue increíble! ¡No hay nada más grande que el poder de Jesús!

Esto me hizo pensar en algunos testimonios del nuevo testamento.

Entraron en Capernaúm y,
tan pronto como llegó el sábado,
Jesús fue a la sinagoga y se puso a enseñar.
La gente se asombraba de su enseñanza,
porque la impartía como quien tiene autoridad
y no como los maestros de la ley.
De repente, en la sinagoga,
un hombre que estaba poseído por un espíritu maligno gritó:
¿Por qué te entrometes, Jesús de Nazaret?
¿Has venido a destruirnos?
Yo sé quién eres tú: ¡el Santo de Dios!
¡Cállate! lo reprendió Jesús. ¡Sal de ese hombre!
Entonces el espíritu maligno sacudió al hombre
violentamente y salió de él dando un alarido.
Marcos 1:21-26

Jesús tiene todo el poder y los demonios tiemblan al oír Su Nombre.

Yo no sé si eres adicto a algo o esclavo de alguna cosa en este momento pero sé que Jesús te quiere liberar. Por esta razón se dejó clavar en la cruz y murió en ella para que tú tengas vida. No importa cuál sea el problema; drogas, alcohol, temores o fobias… ¡No hay nada que Jesús no sepa tratar y echar fuera de tu vida! ¡No hay nada demasiado fuerte o persistente que pueda resistir ante el poder de Jesús!

Adicta al "SHOPPING"

Hace un tiempo, una señora vino a verme a mi mujer y a mí, contándonos que tenía una adicción a las compras.

¡No podía resistirse! Cada vez que veía algo que le gustaba en una catálogo, lo tenía que pedir. Lo mismo le pasaba al entrar en cualquier tienda. Ella se daba cuenta de que su actitud no era normal, su dinero se iba volando y no estaba libre…sufría terriblemente de esa situación.

Andra ordenó a esta atadura que se fuera en el Nombre de Jesús. Inmediatamente, la mujer notó un cambio.

Volvió a su casa y, por primera vez en muchos años, ¡pudo tirar a la basura un montón de catálogo y fue libre desde aquel momento!

¡Jesús es el rompe-cadenas por excelencia!

Les hablo así, hermanos,
porque ustedes han sido llamados a ser libres;
Gálatas 5:13a

Cristo nos libertó para que vivamos en libertad.
Por lo tanto, manténganse firmes
y no se sometan nuevamente al yugo de esclavitud.
Gálatas 5:1

Aquí está escrito en blanco y negro. ¡Necesitamos libertad y Jesús nos hizo libre! Las pre-condiciones están cumplidas, ven y coge tu libertad en Jesús. Gente de todas partes lo experimentan cada día entonces… ¿porque no experimentarlo tú también?

Desconocido y silencio

Enfermedades en vez de esperanza

Es muy interesante escuchar a la gente. En el autobús, en la piscina, de compras y etc. Muchas veces hablan de enfermedades y comparten las últimas noticias.
Es algo perfectamente normal, cosas de la vida cotidiana, temas comunes a los cuales buscan remedios hasta usar las más increíbles terapias. Sin embargo, cuando empiezas una conversación diciendo que Jesús puede sanar y preguntas si alguien quiere oración, muchas veces suena "inapropiado y demasiado extremo".

Pero… ¿Por qué?

La gente cree lo ha escuchado una y otra vez.
Están bajo la influencia de los anuncios y de sus propias experiencias de vida. Hablas de algo que ayuda y cada uno está convencido de lo suyo. Es una norma.

El poder del evangelio se perdió en los años 1700 pasados.
La primera Iglesia vivía con total confianza en el poder de Jesús, y lo usaba para servir a la gente. Tantas sanidades prodigiosas y milagros ocurrían que todos los pueblos se enteraban y veían más y más milagros. Eso eras motivo de alegría para la gente.

¡Tenemos que pensar intensamente en esto e imaginar los siguientes testimonios! Un hombre llega, proclama a Jesús y al Reino de Dios con tanto poder que la gente se queda boca-abierta, y después, ¡todos se animan y entregan sus vidas a Jesús! ¡Qué cambio para la gente y la sociedad!
¡Leed vosotros mismos y asombrados!

Felipe bajó a una ciudad de Samaria
*y les anunciaba al Mesías. Al **oír** a Felipe y **ver las señales***
***milagrosas** que realizaba, mucha gente se reunía*
y todos prestaban atención a su mensaje.
De muchos endemoniados los espíritus malignos salían
dando alaridos, y un gran número de paralíticos
y cojos quedaban sanos.
Y aquella ciudad se llenó de alegría.
Ya desde antes había en esa ciudad un hombre
llamado Simón que, jactándose de ser un gran personaje,
practicaba la hechicería y asombraba a la gente de Samaria.
Todos, desde el más pequeño hasta el más grande,
le prestaban atención y exclamaban:
«¡Este hombre es al que llaman el Gran Poder de Dios!»
Lo seguían porque por mucho tiempo
los había tenido deslumbrados con sus artes mágicas.
Pero, cuando creyeron a Felipe,
que les anunciaba las buenas nuevas del reino de Dios
y el nombre de Jesucristo,
tanto hombres como mujeres se bautizaron.
Simón mismo creyó y, después de bautizarse,
seguía a Felipe por todas partes,
asombrado de los grandes milagros y señales que veía.
Hechos 8:5-13

Sin embargo, la fama de Jesús se extendía cada vez más,
de modo que acudían a él multitudes para oírlo
y para que los sanara de sus enfermedades.
Lucas 5:15

¿Cómo puede ser que nos hayamos olvidado de esto en el día de hoy? ¡Hay muchísimas explicaciones detalladas que llenarían un libro entero si tendríamos que escribirlas! Igualmente, está claro que la mayoría de la gente de nuestra sociedad ya no conoce esta dimensión de la fe en todo su poder. Ya no hablamos de nuestra fe públicamente después de que un canciller alemán dijo que era un asunto "privado y no un anuncio publicitario".

Gracias a Dios, existen todavía iglesias que no dejan de creer en la Palabra de Dios y utilizan el poder del Espíritu Santo, la autoridad y el poder del nombre de Jesús y siguen hablando al respeto. Más y más milagros ocurren, es un tiempo bíblico.

Deberíamos volver a hablar de este mismo Jesús que no ha cambiado, y deberíamos de darle a conocer por todo donde vayamos.

Jesucristo es el mismo ayer y hoy y por los siglos.
Hebreos 13:8

Ahora bien,
¿cómo invocarán a aquel en quien no han creído?
¿Y cómo creerán en aquel de quien no han oído?
¿Y cómo oirán si no hay quien les predique?
Romanos 10:14

La gente atrapada en sus necesidades, problemas, adicciones, enfermedades y temores debería escuchar que todavía sigue existiendo una solución para sus vidas.
Esta solución se llama:

¡JESUCRISTO, EL HIJO DE DIOS!

Dramáticamente equivocado

Su forma no ha cambiado en los últimos 2000 años.

La Historia nos muestra muchas cosas incorrectas que han causado los líderes espirituales de aquella época, y como se engendraron pecados y equivocaciones. Jesús no era considerado como ministro pero se decía de hacer las cosas "en Su nombre".

Aun en el día de hoy, de la forma que sea, los llamados "lideres" se equivocan de meta, declarando que Jesús no es el hijo de Dios.

Al final, es la conclusión lógica a esta afirmación: "Jesús no fue concebido por el Espíritu Santo pero fue engendrado por José". Entonces significa que no era el hijo de Dios, lo que significa que no era el Salvador, lo que significa que lo que dice la Biblia no es verdad y entonces no tienes derecho a creértelo!

¡Pobre Alemania! Pobre la gente que se traga esta mentira… Y pobres "líderes espirituales" por ser responsables delante de Dios de haber conducido tanta gente a la tentación y haberles contado tantas mentiras.

Están bloqueando a tanta gente. La esperanza de tener ayuda está destruida, la gente tiene que aguantar con su dolor. Al final van al infierno, porque han sido apartados de Jesús o porque les han contado cosas equivocadas sobre El. Esto es nuestro gran drama de hoy en día.

Mientras la gente siga escuchando detrás de un pulpito, dando el honor a la "unión laboral" o la "asociación de protección del medio ambiente", y no escucha **nada** sobre el regalo de la Gracia y la salvación que ofrece Jesús, estamos muy lejos de ver el poder y el cambio operarse por medio de Él. Está claro que estos temas son importantes pero, cómo ayudan a las personas si ellas mismas no conocen a Jesús.

¿Qué interés tiene rescatar una especie animal si has perdido tu propia vida y vas a pasar toda tu eternidad en el infierno, separado de Dios?

Hace un tiempo, recibí una carta de una iglesia (mejor que no mencione el nombre de la parroquia aquí), y era muy bien presentada. Imágenes brillantes, reportes, unas quince paginas - pero ni una sola vez Jesús era citado, y menos el hecho de que **EL** quiere cuidar las necesidades de los miembros de la iglesia. La sensación que dan los cristianos es más que triste, aunque dicen conocer a **Cristo**.

Aun así, a través de las décadas, siempre ha habido gente que lo ha experimentado y lo ha divulgado a su alrededor. ¡Gracias a Dios! Aun hoy. ¡Gracias Señor!

Estos días podemos ver un número creciendo de sanidades milagrosas firmadas por la mano de Dios y testimonios en todo el mundo por seres humanos re-descubren el poder y la verdad del evangelio, ¡hablando de él!

¿Por qué los medios de comunicación no hablan a menudo de estas cosas? No lo sé. Habría muchas cosas que decir pero solo son suposiciones.

Pero gracias a Dios no dependemos de los medios, muchas veces solo dicen la verdad a medias, después de todo ellos cuentan desde una perspectiva, nos enseñan lo que quieren!
Y no podemos decir que hablan de los seguidores de Jesús de forma simpática.
Es por ello que os escribo sobre estos tremendos testimonios y sanidades, ¡para caminar en esta verdad!
Testimonios de personas que han encontrado una esperanza nueva en Jesús, porque EL les quiere y les puede ayudar.

La gente que cuenta como era su vida antes y como Jesús las cambió en algo bueno.

Aquí podríais contar algunos ejemplos de noticias que cuentan milagros operados por Jesús. Espero que esta página no se quede en blanco.

Relatos de sanidades Parte III

Caderas torcidas vuelven en su estado
¡Y la vida vuelve a ser sencilla!

Testimonio de una mujer de 43 años
"Quiero hablaros de dos testimonios de sanidades que yo experimenté en la iglesia.

Hace solamente unos pocos meses que he llegado a una fe viva en Jesús y desde entonces voy con esa fe a la iglesia.

En el pasado, siempre me he preguntado porque mis pantalones se rompían entonces me compraba unos nuevos.
Una pierna del pantalón siempre me era más larga que la otra. Cada vez tenía que pedir a una modista que me ajustase los bajos de los pantalones. Pero con el tiempo me apareció un dolor en la cadera, entonces me vino a la mente que probablemente tendría una pierna más corta que la otra. Lo comprobé, tenía una cadera desviada.

En una de las reuniones de sanidad, uno de los ancianos oró por mi cadera, e inmediatamente sentí algo ocurrir.
Escuché un ruido y después de poco tiempo mis dolores desaparecieron y mis dos piernas tenían la misma medida.
Cuando me compré el siguiente pantalón, pude notar que las dos piernas por fin iban a la misma medida... ¡qué sorpresa!

La segunda sanidad fue cuando después de un accidente sentí una rigidez en la columna vertebral.
Durmiendo, no me podía acostar en la espalda y tampoco podía girarme hacia atrás.

Una vez más decidí confiar en el poder de la oración y me tocó esa misma hermana de entre los ancianos de la iglesia. Justo después de orar, me pidió hacer lo que me era imposible antes: girarme hacía atrás.

Primero pensé: Señor, no puedo. Pero después de animarme con la oración mi fe fue tan grande que no dudé en hacerlo. Despacito me giré… ¡y funcionó! ¡Aleluya!

Más y más repetía el movimiento con vigor y energía.

Después de un par de días, me dí cuenta que podía dormir en la espalda, sin problemas.

Estoy tan agradecida a Dios por sanarme, por salvarme, por hacer parte de una iglesia donde se experimenta el poder de Jesús y donde se habla de El de forma tan entendible y natural. Ponen las manos sobre los enfermos y oran con ánimo, con expectación y con éxito."

Dos otras personas experimentaron esto mientras Andra y yo estábamos en Wels, Austria. Fue muy poco tiempo después.

Doblandose como nunca antes

Un sueño de niña hecho realidad

Relatos:

Antes de orar por ella, una señora nos cuenta sobre su problema.
Desde su infancia, el médico le detectó una pierna más corta que la otra. Tenía que llevar plantillas o zapatos especiales, que con los años se quitó pues no le daban un aspecto muy bonito, y ella era una mujer muy guapa.

El resultado fue una postura encorvada, osteoartritis lumbar, mucha fisioterapia y, una parálisis de la región lumbar. Encima, tenía muchos dolores, sufría de verse limitada y mucho más. Las Consecuencia:

Ya no se podía agachar.

Durante la oración, empezó a agacharse hacia delante, poco a poco, hasta que pudo tocar el suelo con la punta de sus dedos. ¡No había podido hacer esto desde que era niña!

Lo demostró delante de la iglesia varias veces.
¡Su espalda era de nuevo flexible y se podía doblar sin dolor!
Eso ocurrió un sábado.

¡Jesús es un terapeuta estupendo!

¡Yo también quiero poder hacer esto!

El domingo por la mañana después de la reunión, un hombre mayor se acercó llorando y pidió oración. Él quería también volver a poder moverse así.

Durante la predicación, volví a llamar a la mujer para confirmar el milagro que Dios había hecho. Se acercó, y una vez más demostró a la iglesia que se podía agachar y tocar el suelo con sus manos sin ningún esfuerzo.
Más aún, nos contó cómo su familia había querido averiguar que una de sus piernas seguía más corta que la otra. Cada uno sabía muy bien como era su condición física - pero pudieron notar que algo había cambiado.

Después de esta demostración, el hombre fue tan conmovido que la esperanza y la fe volvieron a su corazón. Desde que era un niño, tenía la espalda rígida y **nunca se había podido doblar**. ¡Que agonía pasar la vida así! Ya tenía 60/70 años.

Oré por él y poco a poco empezó a agacharse hacia delante hasta agarrar sus tobillos. Lloraba aún más... ¡pero esta vez era de alegría!

Había un gran gozo en toda la iglesia, ¡todo el mundo alababa a Jesús!
Yo estaba grandemente animado por como Jesús había sanado a dos personas así con tanta facilidad y lo increíblemente feliz que estaban ahora gracias a él.

¡Todo el honor sea para Jesús!

Dolor de ciática

Una mujer de 56 años nos relata de la reunión de sanidad 31 de mayo de 2015.

"En las últimas semanas sentí aumentar un fuerte dolor en mi espalda. Fue a peor hasta que el diagnóstico del médico me pudo aclarar:

Es una ciática.
Genial

Casi no podía doblarme, cada movimiento me era muy doloroso.

Finalmente, oraron por mí en una reunión de sanidad en la iglesia. La Pastora puso sus manos sobre mi espalda y oró en el Nombre de Jesús.

Inmediatamente, todo dolor desapareció. Lo podía sentir y lo comprobé doblándome. Podía moverme sin ningún dolor.

Una vez en casa, lo volví a probar y, efectivamente el problema de espalda había desaparecido.

¡Le doy todo el honor a Jesús!"

Alergia al chocolate

Una niña de 8 años nos cuenta su experiencia
25 de mayo de 2015

En una de las reuniones, una niña de 8 años se acercó con su padre para que oremos por ella.
Hacía un tiempo se dieron cuenta de que la pequeña padecía alergia al chocolate y algún otro derivado del cacao.
Después de consumir algo que contiene chocolate, le subía fuertes exantemas.

Eso no era bueno para la pequeña y suponía un empreño para el futuro de toda la familia, y el padre lo sabía muy bien.

Entonces la Pastora oró por ella y ordenó a la alergia que se fuera en el Nombre de Jesús.

De vuelta a casa, la niña probó algo de chocolate.
¡Y no ocurrió ninguna reacción alérgica!

Con gozo y alegría lo comprobó muchas veces más a la semana siguiente. La alergia seguía desaparecida. Podréis imaginar la alegría y agradecimiento de la niña.
¡Y de sus padres por supuesto!

¡¡¡Gracias Dios!!!

Semanas después, le preguntemos a la joven y sus padres si todo iba bien y todo estaba en perfecto orden: la alergia se fue.

…Y dolores de espalda se van!

Una mujer de 40 años nos cuenta lo que le sucedió en una reunión, en Mallorca. Mayo 2015.

Estábamos de visita en la iglesia "Esperanza de Vida", Cala Rajada. Y después de la reunión, oremos por varias peticiones de la gente que estaba presente.

Una mujer de 40 años se acerca a nosotros y nos explica su problema. Tenía un dolor crónica en la espalda que ocurría sin razón aparente; en este tenía un dolor muy grande.

Después de nuestra oración no parecía haber grandes cambios en ella, el dolor seguía estando ahí, pero al menos no tan fuerte como antes.

Cuando nos encontremos con ella a la semana siguiente, ¡nos dijo que ya no pensaba con el tema! De repente se encontraba muy despreocupada por ello, y cuando lo volví a pensar, se dio cuenta de que los dolores de espalda habían desaparecido y que no había notado nada durante toda la semana.
Hacía meses que no se había encontrado así de bien.

Estaba muy feliz por ello y le daba las gracias y todo el honor a Jesús.

Alergia al sol desaparece
Las vacaciones vuelven a ser divertidas

Los hechos:

Un tiempo atrás, una persona que conozco se tenía que ir de vacaciones en Egipto. Estaba muy impaciente por conocer este país, el Mar Rojo, bucear, practicar esnórquel y nadar.

Solo tenía un problema: hacía años que padecía una alergia al sol y necesitaba una protección especial, pero aun así no le ayudaba a cien por cien. Al ponerse al sol, se le hinchaba la piel y le salían unos granos muy desagradables.

Le ofrecí orar por ella porque yo sabía que eso no era ningún problema para Jesús.

Me dio su mano y ordené a esa alergia que se fuera en el Nombre de Jesús. Todo fue de forma no religiosa y sin ningún espectáculo puesto que yo solamente quería que disfrutara de sus vacaciones.

Tres semanas después, cuando nos volvimos a ver, me contó con mucho ánimo que la oración había funcionado.
Todos los días había estado expuesta al sol.
Y ninguna reacción alérgica. Buscaba por su cuerpo algún granito o hinchazón pero no encontró nada. Ella estaba convencida de que quedaría algo porque el sol siempre le había provocado alguna reacción, pero ahora no había nada visible ni perceptible.

Jesús le había regalado unas vacaciones relajadas y a mí me dio la oportunidad de hablarle de Él. Solo con el argumento de este momento.

La gran Comision

Ve…

Una y otra vez estamos sorprendidos por lo que está ocurriendo. Aunque todo no haya sido sanado todavía, hay muchas cosas que ya han sido curadas. Esto nos anima a seguir orando, confiando en Jesús para ver más, y más grandes cosas y traer esperanza a la gente.

No hay formula o manual que te dice "tienes que hacerlo así". Eso es lo que dijo Jesús a sus discípulos, y que pusieron en práctica. Anotad por favor, que Jesús no les dio como "recomendación" o como una opción. Era un mandamiento.

No podemos llamar a Jesús "señor" si no hacemos lo que él nos dice que hagamos.
Él es el "JEFE", y nosotros sus asistentes. Él está en el asiento del "piloto", que hagamos las cosas bien o bueno. ¿Quizás no tan bien? Esto no va con nosotros a veces. Es nuestra gran dificultad: "percibir", donde no obedezco la voluntad de Jesús, donde quizás la hago a medias, o cuando la hago pero sin ningún entusiasmo ni fe.

Mi propia experiencia demuestra perfectamente esto. No tenía esta comprensión sobre los milagros, tan solo oraba con fe por sanidades y liberación de la forma descrita por la Palabra. Pero gracias a Dios, esto ha cambiado.
Jesús es paciente, lleno de gracia y de perdón. EL me sigue animando y ayudando a conquistar dimensiones desconocidas.

Cada vez que oramos por la gente, al menos reciben atención y tienen el sentir de que alguien les cuida y se preocupa por sus necesidades. En la mayoría de los casos nos dicen, después de orar que han sentido el poder de Dios, muy a menudo acompañado de un bienestar físico y de una sensación cálida en la zona a sanar. Aunque no hayan recibido sanidad todavía, ya se agarran a ella porque su proceso se acaba de activar. Al menos han sentido el toque de Dios.

Aquí me gustaría que recordaseis mi testimonio sobre el joven que iba en silla de ruedas en La Plata, Argenina.

La orden que Jesús da a sus discípulos, hasta el día de hoy, sigue diciendo lo que sigue aquí:

Les dijo:
«Vayan por todo el mundo
y anuncien las buenas nuevas a toda criatura.
El que crea y sea bautizado será salvo,
pero el que no crea será condenado.
Estas señales acompañarán a los que crean:
en mi nombre expulsarán demonios;
hablarán en nuevas lenguas;
tomarán en sus manos serpientes;
y, cuando beban algo venenoso,
no les hará daño alguno;
pondrán las manos sobre los enfermos,
y estos recobrarán la salud».
Después de hablar con ellos,
el Señor Jesús fue llevado al cielo
y se sentó a la derecha de Dios.
Los discípulos salieron y predicaron por todas partes,
y el Señor los ayudaba en la obra y confirmaba su palabra
con las señales que la acompañaban.
Marcos 16:15-20

Es muy sencillo y teológicamente tampoco es complicado de entender.
Jesús dio una orden - que sus discípulos estaban encargados de cumplir - y Jesús se preocuparía por el resultado.

Mi responsabilidad consiste solamente en poner en práctica esa orden, confiando y obedeciendo Su palabra.

Y este es el proceso de aprendizaje, la lucha, las preguntas y dudas, ¡pero no tenemos que rendirnos! ¡Eso es vuestro, y mi reto!

A parte de otros detalles, la Gran comisión abarca dos cosas importantes.
"Ve y predica" y **"demuestra el poder de Jesús."** Las dos van juntas. Eso es como Jesús actuó, como sus discípulos lo hicieron también… ¡y lo que deberíamos hacer nosotros!

Era muy importante para Pablo enfatizar explícitamente que su discurso no era piadoso.

> *No les hablé ni les prediqué*
> *con palabras sabias y elocuentes,*
> *sino con demostración del poder del Espíritu.*
> 1°Corintios 2:4

Muchos otros ejemplos en la biblia nos muestran esta conexión entre decir y hacer.

> *Al oír a Felipe y ver las señales milagrosas*
> *que realizaba, mucha gente se reunía*
> *y todos prestaban atención a su mensaje.*
> Hechos 8:6

Como prueba de lo que ellos decían, demostraban el poder (en griego "dúnamis"). Era literalmente como la dinamita, explotando las dudas y los atascos en las mentes, los ídolos y falsas ideas religiosas, liberando a la gente para que crean en Jesús. Esta combinación es única en el mundo religioso, y sigue obrando con poder hoy.

Y... ¿si nada ocurre?

Me han preguntado muchas veces si yo era un hacedor de milagros. Yo contesté que no, dando a entender que conozco muy bien al "hacedor de milagros" y que solamente viajo y trabajo para él. Solo Jesús tiene el poder y la fuerza. Solo intento hacer lo que me ha ordenado, y lo que me ha autorizado a hacer.

Cuando empecé a orar por los enfermos, una pequeña pregunta vino a perturbar mi mente:

"¿Y si no ocurre nada?
¡Entonces te habrás puesto en ridículo delante de todos!"

Al principio me dejaba llevar por estos pensamientos porque sonaban muy ciertos. De hecho, ¡quedaría como un tonto y no tendría ninguna explicación que dar!
Mis pensamientos daban vueltas y vueltas y cargaban con el peso de los "si" y los "pero". ¿Cómo reaccionaría la gente? ¿Volverían a confiar en Jesús? Tantas preguntas sin responder al final me disuadía de querer orar por la gente.

Si ya eres un seguidor de Jesús y te quieres comprometer con la Gran Comisión, te puedo asegurar que esa pregunta va a bombardear tu mente:

"¿Y si no ocurre nada?"

Aun hoy, después de tantas experiencias e increíbles milagros y señales vividos, muchas veces este pensamiento quiere frenarme antes de que ore por alguien.

Pero hoy, me rio de ello, pensando: "Si, viejo diablo, esto te gustaría a ti... ¡pero puedes correr! ¡Voy a orar y Dios está aquí y va a cuidar de la gente!" Y entonces, determinado, pongo mis manos sobre ellos y ordeno en el nombre de Jesús.

En realidad:

- para que Jesús sea honrado
- de acuerdo a su palabra
- por el bien de la persona por la cual estoy orando
- para provocar el que intenta desanimarme
- para demostrar que Jesús siempre gana y que el diablo siempre va a perder
- para animar a los que miran
- para ser de ejemplo a los cristianos inseguros

¡Algo está sucediendo!

Lo tienes que encontrar en ti. Solo puedo contarte mi historia, mostrándote como era al principio, lo que he experimentado y como he entrado en esta nueva dimensión.

Tienes que indagar tú mismo en la Palabra de Dios, aprendiendo lo que es la autoridad, y también como usarla, descubriendo verdades espirituales y principios para ti, para que encuentres la manera de ponerlos por práctica.
Encuentra respuestas y convicciones, que te dan seguridad y estabilidad en los días grises y que no hayan más pensamientos dudosos, para que puedas levantar la cabeza bien alta y decir:

"¿Si no sucede nada?
Muy sencillo. Pues. ¡No sucede nada!
Pero aseguro a cien por cien que algo ha ocurrido,
porque es la responsabilidad de Jesús.
Cuando oro por alguien, y lo voy a hacer siempre,
¡al menos él/ella experimenta el amor de Dios
y mucho más!"

Es tiempo para nosotros como cristianos, de donde estemos, de volver a aprender esto. No dejarnos hundir por la pregunta "...y si no sucede nada" y no dar lugar a que esa misma pregunta nos asuste y nos paralice, porque si no, la gente no puede conocer al Jesús que describe la Biblia.

Oro por ti, para que se detenga ese "tío vivo" que da vueltas en tu mente y que estés bien seguro que Jesús está siempre contigo y a tu lado.

Quiero que este libro te anime y te motive a descubrir la dimensión del Reino de Dios, aprendiendo y poniéndolo en práctica, y haciéndote fuerte en el Espíritu Santo.

O puedes darte cuenta que no hay nada imposible para Jesús y le puedes confiar tu vida sin preocuparte.

Escribe a continuación que pensamientos dan vueltas en tu mente cuando piensas en orar por alguien.

¿Qué es lo que te impide?

¿Qué tipo de influencias tienes? ¿Qué es lo que distorsiona tu imagen de Dios o tu comprensión de la fe, y porque?

¿Puedes imaginarte haciendo las señales y milagros que Jesús hizo?

En relación con esto, entiendo también los siguientes testimonios ocurridos en Brasil, Austria y España.

Relatos de Sanidades Parte IV

Testimonio:

El tendón de un dedo vuelve a crecer

En una reunión que tuvimos en Brasil, estaba predicando sobre el poder de Jesús, contando que El sigue sanando hoy en día. De repente me fije en un hombre que llevaba un vendaje muy espeso en su mano derecha.

Entonces corté con el mensaje porque entendí que Jesús quería hacer algo, ahora. Fui al hombre y le pregunté lo que le había pasado y me contestó que se cortó los tendones de la mano y ya no la podía mover.

Los médicos no sabían si se iba a curar, hacía falta muchas operaciones costosas y sin garantía de un buen resultado.
En el mejor de los casos, siempre le quedaría una gran discapacidad.

En este momento, sus dedos colgaban sin vida fuera del vendaje.

Oré con él, ordenando a los tendones que volvieran a crecer en el Nombre de Jesús.
Después seguí con la predicación.

Pasado unos minutos, el hombre levantó su mano vendada sin decir nada. Al principio pensaba que me quería preguntar algo, entonces me di cuenta que estaba moviendo sus dedos, ¡asegurándose de que toda la gente de la iglesia lo viera! La iglesia empezó a aplaudir, porque todos conocían a este señor y a su problema.
Más tarde me dijo que, justo después de la oración, sintió algo cambiar en su mano invalida.

Hombros torcidos se ponen rectos

Esta sanidad puede ser la más impresionante que haya ocurrido en los primeros meses del año 2013 en una iglesia de Brasil. Un hombre de casi 70 años se rompió el hombro pocos meses antes; no tenía dinero para acudir al médico, tan solo un seguro para accidentes graves.

La complicada fractura había tomado una forma tan amplia y torcida que el hombre ya no podía mover el brazo siquiera, su hombro estaba rígido y no podía cumplir su función. Tampoco podía levantar el brazo, o girarlo, o doblar la parte del codo, sus muñecas también se quedaron sin vida.

La única posibilidad hubiera sido que alguien le pagué la intervención para que el medico saque los huesos rotos y los vuelva a alinear otra vez, esperando que se cure del todo con el tiempo.

Pero Jesús tenía otra alternativa, ¡más increíble para aquel hombre! Oré por él, poniendo mis manos sobre su hombro deformado y ordené a los huesos que vuelvan en su sitio y cumplan su función, y que se pongan rectos en el Nombre de Jesús.

Estaba ordenando con toda la autoridad que Jesús me ha dado, declarando movilidad sobre toda la zona del hombro, en los tendones, las muñecas, las rodillas y los huesos en general. Cuando puse mis manos sobre su hombro, pude sentir algo sacudir y los huesos moverse.

Jesús estaba haciendo algo.

Un tiempo después, la gente en la sala estaba asombrada de ver al anciano levantar el brazo, moviéndolo para finalmente girarlo a toda velocidad… ¡como las alas de un molino! No quería parar. Al mismo tiempo, lágrimas de alegría recorrían su carita arrugada de anciano.

Se puso a adorar a Dios desde lo profundo de su corazón.

Y toda la iglesia aplaudía dando gracias a Dios.

Una anciana saltando como una niña

Un domingo, una señora mayor vino en una reunión que tuvimos en Porto Cristo, Mallorca. Caminaba con dos muletas.

Podía difícilmente mover las rodillas y se arrastraba al caminar. Hacia años ahora que padecía artritis severas y que le dolían mucho las rodillas. Por esta razón se arrastraba para asistir a las reuniones cada domingo.

Ordenemos al espíritu de artritis de dejarla e inmediatamente sintió nuevas fuerzas recorrer sus rodillas.

El dolor se fue y empezó a caminar, doblando y levantando las rodillas correctamente.

Levantó sus muletas hacia Andra y caminaba más y más de prisa sin nosotros para sostenerla, ¡como bailando una danza folclórica!

Estaba radiante de alegría, dando gracias a Jesús.

La cogí del brazo y caminemos juntos por toda la iglesia, más y más de prisa. Era como si estuviéramos corriendo por la sala de reunión, con toda la gente aplaudiendo.

Al final de la reunión, se fue a su casa con las muletas debajo del brazo. No tenía ninguna señal de dificultad para caminar y ningún dolor tampoco.

Una mañana por las montañas

Después de una reunión en Wels, Austria, se acercó a nosotros un hombre, para recibir oración. Nos contó que le encantaba irse de excursión por la montaña. (Lógico: Austria=montaña=naturaleza= ¡todo está bien!)

Pero ahora tenía las rodillas muy dolidas y podía difícilmente moverse. Los médicos le habían asignado un futuro muy pesimista.

Una de las rodillas tenía problemas con una rotula y un menisco; a la otra se le había detectado liquido en un hueso de la medula.
Yo no tenía idea de lo que significaba todo este leguaje, pero en este momento no importaba. Luego me informé un poco más sobre el tema por internet y eso es:
Definición medical: "retención de agua incrementando dentro del hueso, indicado por alta señal de intensidad en la secuencia de sensibilidad al agua de las Imágenes de Resonancia Magnética, causado por la formación de un edema o hematoma en el hueso."
¡Esto desde lejos no suena bien!

Entonces pidió oración para poder volver a caminar por la naturaleza y librarse de sus dolores y problemas.
Andra y yo oremos por él y pusimos nuestras manos sobre él en el Nombre de Jesús. Evidentemente, ¡no ocurrió nada!
No sintió cambio ni nada durante la oración, pero estaba muy animado porque sabía que Jesús le estaría cuidando.
Y así se fue a casa.

El mismo día nos llamó por teléfono hacernos saber que estaba totalmente sanado, y que podía caminar y mover las rodillas sin ningún dolor. Cuando volvió a su casa después de la reunión, todo estaba arreglado.

Jesús le dio la oportunidad de disfrutar de Su bella creación, pudiendo otra vez caminar por la naturaleza.

Dos años después, volvimos a la misma iglesia de Wels, corrió hacia nosotros dando voces de alegría, y nos cogió de la mano.
Estaba tan feliz, se lo veía muy bien y sano, sus rodillas funcionaban normalmente y sin dolor y las podía mover perfectamente. Ya había ido a muchas excursiones, y también a una gira de excursionistas más complicada.

Lo mejor de todo es que, esta sanidad había vuelto el hijo a Jesús. Él había crecido como cristiano, pero se apartó de Dios. Y por la sanidad del Padre, fue confrontado a Jesús de forma tan poderosa que tuvo que volverse a Él, arrepentido. ¡Ahora ha vuelto a la iglesia y confía en Jesús más que nunca!

Esto nos demuestra una vez más que Dios tiene su propia manera de ayudar a la gente. No es como leer un libro. No pienses que Dios es una maquina = le insertas una oración y la respuesta sale instantáneamente... ¡NO!
Se trata de confianza.

Aquí podéis ver la tensión de la cual os he hablado, la que se experimenta cuando oráis por otros. Si veis que no ocurre nada al principio o no sentís nada, no importa, algo ESTA ocurriendo. Imagínate si no hubiéramos orado por este hombre. La cosa no hubiera acabado bien.

Agosto de 2017: con una visita repetida en Wels él nos contaba, esto es todavía todo perfecto.

Joven en silla de ruedas vuelve a caminar

Esto es un testimonio de lo que paso en Mallorca, en noviembre de 2013.

Una joven de 16 años tuvo unas consecuencias graves después de una caída de un balcón, de un segundo piso.
Durante horas la operaron…pero, entre otras cosas el calcañar del pie izquierdo quedo destrozado. Los médicos le dijeron que la reconstitución del calcañar era imposible, por lo cual no podría volver a apoyar nunca el pie dañado. Entonces no podría caminar…El hueso del talón había sido pulverizado por el impacto y eso era imposible de arreglar. Más tarde, su madre nos lo describió como pequeñas piedrecitas, como migas pequeñas.

A raíz de esto, la familia tuvo que cambiar toda su forma de vida, y pensaron en cómo adaptarse a la situación.
Tendrían que mudarse a la planta baja para mover la silla de ruedas, comprar un coche adaptado para minusvalía, moldear el piso a la silla de ruedas, pagar todos los gastos ¡y mucho más!

En este momento, Andra y yo empezábamos con la conferencia "Más fuego, más gloria" en Cala Rajada, Mallorca. Invitemos unos queridos amigos nuestros, pastores en La Plata, Argentina, para servir a la gente, ya que nos habíamos juntado en varias iglesias.
Los pastores Raúl y Betty Reyes son nuestros amigos desde muchos años y dirigen una prospera iglesia de 2500 miembros en este momento. En sus reuniones son testigos de muchos milagros, señales y prodigios.

En la reunión del sábado por la noche, la joven vino acompañada de su familia, invitados por el pastor de la iglesia local.

De repente, viéndola, supe que iba a ser sanada en aquella noche y miraba más allá de una simple reunión.
¡Estaba listo!

Esta noche, el pastor Raúl predicó sobre la demostración del poder de Dios y se acercó a la joven en silla de ruedas. Yo sabía lo que él quería hacer.
¡Jolín! ¡Había sido más rápido que yo¡

Pero gracias a Dios no se trata de mí, pero de la chica y de Jesús.
Entonces oró por ella, la cogió de la mano y le dijo que se levantará en el Nombre de Jesús.

No se oía una mosca volar en toda la iglesia. Todos los ojos estaban gran abiertos, las manos tapando las bocas para no gritar, la tensión era palpable en el ambiente silencioso.

La niña fue sacudida por el poder de Dios y empezó poco a poco a levantarse, apoyando principalmente el pie derecho en el suelo. Obviamente, ella no contaba con que hubiera ocurrido algo real. Pero empezó a poner peso sobre el pie izquierdo, supuestamente dañado, y su estupor empezó a incrementar. Se apoyó en su pie con todo su peso, cogida de la mano por el pastor Raúl, y empezó a caminar.
Lloró de alegría, agradecida, totalmente asombrada.
Anduvieron cuidadosamente por la sala de reunión.

En este momento, sus padres, hermanos y otros visitantes estaban llorando.

El pastor Lorenzo nos contó que partir de este día anduvo con frecuencia, desde el domingo y los días siguientes.

A su próxima visita con el médico, hubo una gran confusión… ¡para él!

Hizo una radiografía del pie izquierdo, dejando que salga el resultado por la impresora, volvió a hacer la radiografía una y otra vez… ¡no podía entender el resultado!

En su opinión, la máquina de rayos X debía de estar rota…

El pie estaba totalmente restaurado, los huesos soldados y el calcañar había "re-aparecido". ¡Hasta sospechó la muchacha de ser otra paciente! Entonces ordenó hacerle otros chequeos.

La noticia de sanidad de la joven fue conocida en todo su pueblo porque la gente había oído de su accidente y sus consecuencias por la prensa local. Mucha gente, que no creían en Dios habló de un milagro de sanidad.

Para la iglesia se dio la oportunidad de testificar sobre Jesús a toda esta gente.

En enero 2014, después de testificar en la iglesia el milagro que hizo Jesús con su hija, la familia dio una entrevista para la revista local "Faxdepera" de Capdepera.

Cerca de dos páginas y medio relatando el milagro, con fotos y pruebas médicas de los hechos.

¡Jesús es tan maravilloso!
¡Lo amo y me encanta estar aquí
cuando hace milagros!

Entonces piensa por un momento, que efectos positivos ha tenido esta sanidad sobre la familia entera y la gente involucrada. No tener que mudarse a un piso con instalación especial, evitar comprar un coche adaptado para minusválido, no rehabilitación por el resto de su vida, ¡solo pensar en el beneficio económico es enorme!

Fijaos lo que se han ahorrado en seguro médico.
Contemos en 70 años de gastos... ¡serían más de 100.000 euros sin duda! Ahora, lo que el médico y sus asistentes tendrían que hacer es dar sus vidas a Jesús.

Se le acercaron grandes multitudes
que llevaban cojos,
ciegos, lisiados,
mudos y muchos enfermos más,
y los pusieron a sus pies;
y él los sanó.
La gente se asombraba al ver a los mudos hablar,
a los lisiados recobrar la salud,
a los cojos andar y a los ciegos ver.
Y alababan al Dios de Israel.
Mateo 15:30-31

Eso fue escrito hace 2000 años y los discípulos lo experimentaron exactamente así. Estaban a su lado y eran testigos de todo lo que ocurría.

Y hoy somos nosotros que testificamos de estos milagros porque nuestros propios ojos lo pueden ver.

- ¡Digan que no ha ocurrido! ¡Somos testigos!
- ¡No lo puedo creer! ¡Somos testigos!
- ¡No puedes ver estas cosas hoy en día! ¡Somos testigos!
- ¡LO HEMOS EXPERIMENTADO!

Y, encima, las escrituras hablan de un mudo que vuelve a hablar.

Los mudos hablan

En 2010, estábamos una vez más, en una de las más grandes conferencias de Argentina, predicando, enseñando y orando por la gente.

Una noche, se nos acercó una joven con su madre para pedirnos oración, tenía más o menos 10 años. Había una gran masa de gente, muchos necesitaban oración. El ambiente era muy sofocante.

La madre y la hija se quedaron en frente de Andra.
La madre nos explicaba las cosas en castellano, mostrando a su hija y gesticulando. Pero, por falta de traductor en este momento y debido al ruido a su alrededor, Andra no podía entender claramente lo que la mujer le intentaba explicar. La niña no decía nada. Pero bueno, a pesar de todo.
Jesús sabía lo que estaba ocurriendo.

Andra oró por la niña y de repente esta misma empezó a hablarle en castellano. Su madre estaba detrás así que le preguntemos que estaba pasando.
Nos dijo entonces que du hija era muda y que hasta el día de hoy nunca había hablado. ¡Ahora sí que hablaba y se lo estaba demostrando a Andra en este momento!

¡Todo el honor sea para Jesús! Él nos demuestra que su palabra no ha perdido poder, conforme a su mensaje (mirad más arriba).

Piernas rectas otra vez

En esta misma conferencia, oré también por una joven que tenía las piernas o los pies tan torcidos que no podía andar correctamente; tropezaba sobre su propio pie y se caía a menudo.
Naturalmente, eso la entorpecía mucho y hacía que los demás jóvenes se burlaban de ella. Pero sobre todo, eso no era muy bonito para una señorita.

Oré por las piernas en el nombre de Jesús, para enderezarlas. La pierna izquierda volvió inmediatamente en su sitio en tan solo un grande movimiento. La pierna derecha se quedó torcida. Seguía pareciendo raro pero no tan horrible como antes, la mitad del trabajo ya estaba hecho. La niña estaba contenta y ya podía caminar mucho mejor.

La anime a que viniera a la reunión siguiente si no tenía potros planes, para que oremos una y otra vez hasta que Jesús definitivamente acabe con esto.

La tarde siguiente estuvo ahí, de pie en frente mío, con su pierna izquierda totalmente sanada. No había cambiado desde ayer. Entonces oré por la pierna derecha y en menos de un minuto, ¡se puso recta como la otra!
Jesús la sanó en dos pasos.

Puede que preguntéis… ¿por qué?
La verdad es que tampoco lo sé.
Lo que sí sé, es que Jesús no entiende de métodos o formas cuadriculadas para hacer las cosas, pero EL sirve a cada persona individualmente y personalmente, para que siempre confiemos en El.
Es por eso que es tan emocionante orar por la gente.

Tienes que escuchar a Jesús y entender lo que Él quiere hacer en este momento y de qué forma.

Mira al frente

En esta conferencia, había también un niño de entre 5/6 años que se acercó a nosotros mirándome bien en frente.

¡Mamma mía! No hacia ni falta que me dijera cual era el problema, ¡era obvio! Con su ojo izquierdo estaba virtualmente mirando al bolsillo derecho de su pantalón.

El niño miraba cruzado como nunca lo había visto antes.

Puse mi mano sobre este ojo afectado y oré por él. Inmediatamente después de quitar mi mano y orar que se pusiera recto en el Nombre de Jesús, el ojo podía mirar de frente.
La mirada del niño se había vuelto normal.

Era increíble verlo.

Sorpendente desarrollo

Paso a paso

Mirando atrás todos estos años, puedo ver como Jesús me ha guiado paso a paso. EL ha revelado verdades y principios de su Palabra y me ha ayudado a ponerlos en práctica.
Nunca hubiera podido soñar un día experimentar las cosas relatadas previamente en este libro. Y todavía sigue real. Esto me anima a seguir. En nuestra iglesia, adonde sirvamos, adonde hablamos con gente, oramos por ellos.

No solo se trata de la cantidad sino de la calidad que se ha intensificado.
Al principio, solo se iban las "pequeñas cosas", tal como dolores de cabeza, dolores en el cuerpo y cosas así pero luego los milagros de sanidades se volvieron más grandes, conforme más tiempo íbamos orando por la gente en el nombre de Jesús. Nunca nos hemos detenido, aunque no veíamos ningún resultado.

Habéis leído vosotros mismos, lo que describimos ahora y lo que ya hemos experimentado.

Es también interesante para mí el ver, no soy el único.
Voy conociendo más y más gente que han vivido un desarrollo idéntico en sus vidas, y que siguen en su proceso de aprendizaje. Sanidades, milagros y Dios en medio de todo, es algo que va creciendo más y más en las iglesias, dejando su lugar al Espíritu Santo.

Eso ocurre en todo tiempo. Había un mover fuerte de sanidades en los años 1940-1950 y en otros tiempos, y miles de personas conocieron a Jesús y lo recibieron como su salvador.

De vuelta al poder

Esa es la voluntad de Dios para su Iglesia. Para sus hijos y los que le representan aquí en la Tierra. Tenemos un Dios grande, ¡sobrenatural que hace señales y prodigios!
El Espíritu Santo trata de restaurar el poder de la primera iglesia primitiva haciendo milagros. Como seguidor de Jesús eres llamado a representar a Dios de la forma que se lo merece; la Biblia habla muy claramente de este tema. Es cierto que existen llamados y unciones especiales, pero también hay un orden y un equipamiento básico para cada cristiano.

Por ejemplo, algunos son evangelistas con una misión asignada, pero todos los cristianos son retados a predicar el evangelio. Lo mismo pasa con muchos otros llamados.

Hechos 29

Si miras el libro de los hechos capítulo 29 en tu biblia, te sorprenderás al ver que... ¡todavía no existe este capítulo!

¿Qué? ¿Qué me estas contando? ¿Es una broma?

La explicación es muy sencilla. El libro de los hechos describe el nacimiento de la primera iglesia, como se formó, su desarrollo y el carácter de cada uno de sus miembros y del grupo que estaba en autoridad y poder.

Describe la invasión triunfal del evangelio de Jesús y del Reino de Dios, y está repleto de testimonios de señales y milagros que cautivan toda la sociedad.
Bueno, pero también había gente que no aceptaban esto y lucharon en contra de la iglesia. Esto no es nada nuevo.

Ciertamente les aseguro que el que cree en mí
las obras que yo hago también él las hará,
y aun las hará mayores,
porque yo vuelvo al Padre.
Juan 14:12

¡Bueno! Estoy muy lejos de vivir esto. Pero esto es la voluntad de Jesús expuesta para mi vida y para la tuya. La única condición es "que en mi cree". La diferencia entre esta declaración de Jesús y mi actitud frente a ella es el sitio donde debo de aprender.

El capítulo 29 es **TU** capítulo, donde Dios quiere que escribas esto. Llena este capítulo con tus experiencias para que otros lo lean y se animen a conocer a Jesús y experimentar su poder. Tu vida debería de estar llena de experiencias sobrenaturales porque tienes un Dios sobrenatural como Señor y lo estas sirviendo a Él.

Nunca digas a Dios lo que debe hacer.
En mi temprana edad, ya me dijeron que no podía ni debía decirle a Dios lo que Él debía hacer, ¡cuánta razón tenían! Eso quería decir que después de orar debía de confiar en Su palabra.

Por ejemplo, yo solía orar por un enfermo así: "Escrito esta que por tus llagas fuimos sanados así que, estas sano en el Nombre de Jesús."

Eso era al principio de lo que yo describo. Muchas veces, una frase venía a mi mente diciendo: "No puedes forzar a Dios para que haga algo… "

Estuve un poco sorprendido porque ya me lo habían dicho otros líderes por lo cual pensé: "tienen que tener razón."

Pero después, Jesús me mostró que esta frase era como un freno para mi vida. No esperaría nada más de Él, dejaría esa autoridad que Él me había dado, encontraría una razón para quejarme de Él y echarle le culpa por lo que no hizo…Me desengancharía.

Dejadme explicaros esto con un ejemplo.

¡Os acaban de regalar un súper coche con todas las opciones posibles de imaginar! ¡Y todo es tan espectacular!

Os ponéis a leer el manual de instrucción (es importante) y entonces os dais cuenta… ¡Tío! ¡Lo tiene todo con absolutamente todas las opciones!

Os vais de marcha. De repente queréis abrir la ventana derecha, por lo cual llamáis al fabricante. "¿Podría usted abrir la ventana por mí por favor, si quiere y si puede?

Hacéis lo mismo con el aire acondicionado, llamáis al constructor, pidiéndole si le gustaría y si puede encender el aire…pues, ¡vaya chapuza! ¡Nadie haría esto!

Por una razón el coche tiene tantas opciones detalladas en libro de instrucciones: ¡para usarlas!

¡Exactameeeeeente! Nadie puede pensar que le voy a decir al fabricante lo que él debe de hacer, solo debo de usar los productos que él ha instalado. Por eso mismo los ha diseñado e instalado.

Un hecho

Es exactamente lo mismo con la Palabra de Dios. Es como una guía de usuario para el ser humano donde encontramos instrucciones precisas de qué hacer, y no hacer, para que todo funcione de la mejor manera.

Cuando Dios dice: Jesús ha llevado tus pecados en la cruz y ha muerto por ti, entonces tú deberías creerlo. Cogerlo para ti, no quiere decir que le estas diciendo a Dios lo que tiene que hacer, solo que aceptas su oferta, y deberías de estar agradecido por ella toda tu vida. Es lógico, ¿no?

La biblia nos describe un montón de cosas que Dios ha creado especialmente para nosotros, que tenemos derecho a coger.

Cuando Jesús dice: "No te dejaré, ni te desampararé" y "Estaré contigo hasta el fin del mundo", es un **hecho**.

Entonces es totalmente ilógico, además de mostrar que no creo en EL y no confió en EL, si oro diciendo: "¡Señor, no me dejes!"

¡Hello! ¿Qué te acabó de decir? ¡No te dejaré! Y tu vienes y me dices: "¡Por favor, Señor no me dejes!"

Es flagrante y totalmente ilógico. Desafortunadamente, esta forma esta practicada por muchos cristianos y les da una imagen falsa de Jesús.

Sé de lo que estoy hablando porque yo también desde muy temprano he pensado de esta manera, hasta que Jesús me mostró que no era así. He cambiado mucho desde entonces.

Solo puedo dar las gracias a Jesús por esta promesa, aferrándome a ella en algunas situaciones. "Gracias Jesús porque tú has prometido no abandonarme."

Y esa es la fe que agrada a Dios.

Cuando Dios dice. "Por las llagas de Jesús fuimos sanados."
Es un **hecho.**

Es un hecho cumplido en el pasado. Hecho. Terminado.
Instalado (como en el coche) y listo para usar.
Utiliza sin preguntar al fabricante. ¡Sanseacabó!

Autoridad delegada: **¡hecho!**
Cercanía: **¡hecho!**
Derrotar al diablo: **¡hecho!**
Llamado para SU reino: **¡hecho!**
Seguir señales y milagros: **¡hecho!**
Y mucho más: **¡hecho!**

Esa es mi experiencia, mi vida con Jesús y mi forma de vivir la fe. No pretendo entenderlo todo y tampoco tengo la respuesta a todas las preguntas, ¡pero no tengo porque!
Día a día voy aprendiendo, viendo como las herramientas de la fe se vuelven cada vez más desarrolladas y establecidas en mi vida diaria.

He empezado a escribir mi propio **Capítulo 29** y os puedo decir con entusiasmo: todavía no he terminado, las cosas más increíbles están por venir, Jesús me lo ha prometido, os lo cito otra vez:

Ciertamente les aseguro que el que cree en mí
(y yo creo)
las obras que yo hago también él las hará,
y aun las hará mayores,
porque yo vuelvo al Padre.
(qué futuro para mí)
Juan 14:12

¡SI! ¡Dejaos transportar en este viaje de la fe lleno de aventuras!

¿Conoces a Jesús?

De ninguna manera

Habéis leído este libro y puede ser que pensáis: "¡qué va! ¡De ninguna manera! Nunca antes había escuchado o visto cosa semejante. Solo conozco a Dios o Jesús por medio del curso de educación religiosa en el colegio (tenemos esta clase en Alemania) y me acuerdo que es un aburrimiento. Mi abuela me contó algo de esto un día y la verdad es que era poco apasionante. Esas historias de Jesús y de las cosas de la fe son para cobardes y debiluchos."

Déjame decirte una cosa: ¡te equivocas! Jesús, el hijo de Dios, está vivo y TE AMA y te está extiendo su mano.
Él quiere salvarte y perdonar tus pecados. El pecado no es necesariamente lo que has o lo que no hayas hecho, sino más bien el hecho de no creer en el Nombre de Jesús.
Esa es la cosa más grande que pueda haber entre tú y Dios, y que bloquea tu entrada al Cielo en el futuro.

Imagínate ser una persona lesionada que ya no tiene solución. No existe la auto-salvación. No vale el hecho que la persona invalida conozca al médico de urgencias... ¡tendrá que llamarlo! ¡Tendrá que confiar plenamente en él!

No es suficiente haber escuchado sobre Jesús y pensar que probablemente EL lo arreglará todo. Jesús espera que tú lo invites, para que Él te pueda salvar. Todas las cosas necesarias ya han sido preparadas. Quizás nadie te había dicho esto antes. Quizás estas decepcionado con tu iglesia o tus conocidos.

Esto puede cambiar. Invita Jesús a que entre en tu vida y sea tu Señor, para llegar a conocerlo.
Verás, Jesús es muy diferente a todo lo que te han podido

contar. Lo siento que te hayan tan mal informado sobre él.

Una vida sin Jesús es aburrida, inútil, sin futuro, es algo para débiles. La gente que vive sin Jesús desconoce la libertad, la paz, la alegría, el entusiasmo, el poder y el gozo que pueden experimentar en esta vida, aquí en la Tierra. Y además, una vida eterna con Jesús.

¿Dónde quieres pasar la eternidad? ¿Qué pasa si existe realmente "la vida después de la muerte?

Tendrías que tener una respuesta a esta pregunta existencial para tu propia vida. Nos preocupamos por cosas tan insignificantes en nuestro diario vivir.

Pero mucha gente olvida de preocuparse por las cosas eternas y no cuenta con el que se encarga de este asunto. ¡Jesús!

Él es la respuesta de Dios a nuestra perdición. Y un día u otro no podremos escaparnos de esta decisión.

El momento que estarás frente a Él ya será tarde para pensarlo.

Decide ahora vivir con Jesús y entregarle tu vida. No lo dejes para más tarde esperando un momento mejor. ¡No lo hay! Lo que importa es el momento presente porque más adelante puede ser demasiado tarde.

Te invito, a que experimentes una nueva vida en Jesús, Su amor, Su poder, Su perdón, y que lo dejes a EL tomar el control de tus necesidades y tus enfermedades.

¡Confía en Él!

Puede que te preguntes, ¿y cómo se hace esto?

¡Solamente habla con Jesús ahora mismo!

Tú no tienes que cambiar de repente, ser mejor ni nada de esto. Habla con El, en la situación y las condiciones en las cuales te encuentras ahora, en este momento.

Invítalo, recíbelo. Cree en El y luego confiésalo en voz alta.

La Biblia dice:

> *Mas a cuantos lo recibieron (Jesús),*
> *a los que creen en su nombre,*
> *les dio el derecho (Potestad, Autoridad)*
> *de ser hijos de Dios.*
> Juan 1:12

> *Porque con el corazón se cree para ser justificado,*
> *pero con la boca se confiesa para ser salvo.*
> Romanos 10:10

No es complicado.
Pero nadie más puede tomar esta decisión por ti.
Ni tus padres, ni tu abuela que lleva mucho tiempo orando por ti, ni tampoco la iglesia, no importa su llamado o le que te haya prometido. Solo tú y Jesús. Solo tú puedes a hacer que las cosas funcionen entre los dos, si recibes lo que Él ha hecho por ti.

Jesús nunca te va a forzar pero deberías de pensártelo porque las cosas pueden cambiar muy de prisa.
Por ello, escribiré también sobre otra cosa en este libro.

Después de que termines de leer esta frase, ora a Jesús y deposita tu vida en las manos del Todopoderoso, el más increíble, más amoroso y mejor Señor del mundo que nunca hayas conocido y jamás conocerá…

JESUCRISTO

Oración por salvación

Si quieres llegar a conocer a Jesús y reconoces que necesitas perdón y salvación, te invito a que ores las siguientes palabras en voz fuerte, seriamente y con convicción:

Señor Jesús,
Yo creo y confieso que tú eres el hijo de Dios,
Y que viniste a la Tierra para salvarme,
Moriste en la cruz por mí,
Y tomaste todos mis pecados,
Para que yo sea libre.
Has resucitado y estas vivo.
Te confieso mi pecado
Y te pido que me limpies,
Te recibo en mi vida,
Eres mi salvador y mi Señor!

Espíritu Santo,
por favor, lléname con el poder de Dios!
Para que yo crezca en fe
Y vea más de más a Jesús.
¡AMEN!

¡Hacia delante ahora!

¡Felicidades! ¡Ahora eres hijo/hija de Dios!
¡Bienvenido a la familia de Dios!

Has elegido dar un nuevo paso con Jesús a tu lado. La Biblia lo describe como un "nuevo nacimiento". No tiene nada que ver con la re-encarnación. No vas a regresar en la Tierra en otra forma de vida. Pero eres una nueva creatura en el Espíritu de Dios. No externamente, pero si, en el mundo espiritual algo maravilloso ha sucedido.

> *Por lo tanto, si alguno está en Cristo,*
> *es una nueva creación.*
> *¡Lo viejo ha pasado, ha llegado ya lo nuevo!*
> 2°Corintios 5:17

Ahora tu nueva vida en Cristo deberá de crecer y hacerse fuerte.

Como la vida de un recién nacido necesita cuidados, protección y aprendizaje, ¡ahora también lo necesitas en fe! Tienes que rodearte de gente que conozca a Jesús y lo siguen, que pueden mostrarte y enseñarte, como vivir y hablar como Él. Y eso es, ¡la oración! Y no hablo de oraciones formuladas por otra gente, pero libremente, ora lo que está en tu corazón.

Lee la Biblia, empezando preferiblemente por el nuevo testamento porque describe a Jesús y cuenta lo que hizo y hablo. Puedes confiar en Él y en Su palabra. Verás, ¡será más apasionante de lo que esperas ahora!

Necesitas una iglesia o un lugar de reunión donde te sientas como en casa. Una iglesia con gente que aman a Jesús, que están fervientes por Él, contando a todos lo que El ha hecho en sus vidas.

Donde el Espíritu Santo tiene su espacio para hacer milagros. Donde se ora por ti y por los demás. Donde la sanidad, la liberación y restauración de las vidas son cosas normales.

Busque en Internet con: Jesús - milagro - Espíritu Santo – iglesia.
Si piensa, esto puede ser una iglesia buena, vaya y visítela y hable con la gente. Pregunta por el Espíritu Santo y por el último milagro. Encontrará el lugar correcto.

Los hermanos y hermanas de la iglesia queren ayudarte en todo lo sea posible.

Yo oro por ti.

Sabías que, ¿a partir de ahora tu vida esta entre las manos y los cuidados de Jesús? Ahora él tiene permiso para arreglar cosas en tu vida y para ayudarte.

¡Verás!

Y por fin todo viene a ser diferente

Ni una sombra de muerte…

Un poco más arriba os decía que las cosas pueden variar de un momento para otro sin que te des cuenta. Era un capítulo sobre la decisión de aceptar a Jesús. E iba muy en serio.

Vale, esta es mi historia.

Sábado 15 de febrero de 2014, aparentemente un día normal…

Después de un buen desayuno con mi mujer, me preparé para empezar mi turno de tarde como agente de policía,
Me puse el uniforme, revise el equipamiento, eché una vista a mi agenda para ver lo que tenía que hacer después del trabajo.
Vi que a las 7h de la tarde tenía una reunión con los jóvenes de la iglesia, para hablar de Jesús, Dios, el mundo y sus centros de interés.
Siempre les gustaba, y eran impacientes por escuchar los testimonios de lo que ya habíamos experimentado con Jesús, como vivimos las situaciones con la ayuda de Dios y su sabiduría, ¡o simplemente charlar con nosotros los "dos viejecillos"!
Esperaba con impaciencia esta reunión.

"¡Ok mi amor! ¡Estoy listo, ya me voy! ¡Pasa buena tarde, nos vemos después! ¡Te quiero!"
Y gran (y necesario) beso, ¡claro!
Agarre mi bolso y me fui al trabajo.

Llegado a la oficina, empecé a organizar el trabajo para el equipo. Eso incluye repartir las tareas, revisar las normas de la patrulla, averiguar si alguno ha cambiado de turno o si hay cambio de personal. Estas notificaciones debían de haber llegado en los dos días que estábamos fuera.

¿Qué tareas o instrucciones había mandado nuestro jefe para esta semana de trabajo? Había muchas cosas que preparar.

12h, reunión con el equipo, cuenta atrás…

Llegan los miembros del equipo, cogen sus cosas y se preparan. Empiezo como siempre por una pequeña reunión y hablamos de las cosas importantes. Una ronda de café calentito y bien fuerte (¡me encanta el café!), como siempre.

Después acabamos hablando de todo y nada, del sol y de la vida en general, y entonces vuelvo a mi ordenador para terminar el trabajo de dentro. ¡Claro, por esto estoy aquí!

Mientras estoy escribiendo, noto que mi brazo derecho se vuelve dormido. ¡Qué extraño! ¡Nunca había sentido esto antes! Sacudí mi brazo pensando haberme dado un golpe en el nervio del codo. No me sentí mejor sino… ¡peor!
Me daba cuenta que esta sensación de torpeza se iba extendiendo por toda la parte derecha de mi cuerpo, sin ningún dolor, sin aviso ni señal previa. ¡Solo así!

Yo sentía que la parte derecha de mi cuerpo no solo se iba durmiendo, sino debilitando. Tenía que aguantarme para no caerme de la silla. Vale, eso ya no era normal y no era una forma normal de sentarse en una silla. De repente me empecé a hundir en la silla, como un saco de patata.

Todos los pensamientos en mi mente volaban…
¿Ataque al corazón?
¿Derrame cerebral?
¿Otra cosa posible?
¿Qué hago ahora?

Necesitaba tomar una decisión ahora mismo. Un montón de cosas me pasaron por la cabeza.

Había entrenado para tomar decisiones en situaciones de emergencias y con la patrulla en plena función, para tratar una escena de la mejor forma; con un jefe de entrenamiento y director de operaciones.

Pero hasta esto, ahora mismo me resultaba inútil, personalmente. En mi cabeza, repasaba el programa aprendido, que hacer y qué era lo mejor.

Entonces, llamé a dos de mis colegas que estaban cerca en este momento, les expliqué brevemente mi condición física para que tengan la información básica, y les dije: "Por favor, seguid mirándome para que no me caiga de la silla. Observadme todo el tiempo."

Al segundo dije: "Por favor, llama al médico de emergencia, y al jefe a su casa para que sepa lo que pasa. Creo que me tendrán que ingresar a urgencias."

Mientras tanto, un tercer compañero acudió a la oficina, y le pedí que avise a mi mujer, diciéndole que me llevaban al hospital, y que ella también vaya ahí.

Entonces recogí todas mis cosas, apagué el ordenador y el médico de urgencias llego juntamente con la ambulancia.
Nos saludemos brevemente, nos conocíamos de haber trabajado juntos; y después de un corto pero intenso chequeo, el doctor se puso serio... "No hay casualidad posible, sospecha... ¡derrame cerebral!"

Camino hacia el desmayo

Muchas veces he conducido una ambulancia, a velocidad de carrera con la sirena en alto para alcanzar el hospital más cercano lo más rápido posible. Pero nunca había estado en el sitio del paciente. ¡Qué sentimiento más extraño! Si me preguntas hoy si tuve miedo, puedo decirte que no con conciencia. Sabía que si algo iba mal, muuuuuyyyy mal, era claro para mí que era cuestión o de vida, o de muerte en este mismo momento.

Pero tenía por claro a 1000 por ciento: mi vida está en manos de Dios, estoy entre buenas manos y EL está en control de todo. De una forma u otra, habrá una salida.

Sea que me ponga mejor, o que me vaya con Jesús y lo vea cara a cara. La meta de mi vida debía de haber sido alcanzada. Por eso no tuve miedo en absoluto.

Actualmente está claro que no me quiero ir todavía. Sigo teniendo muchos planes, todas las metas y las visiones que tengo en mi vida no han sido cumplidas aun. Pero en este momento yo sabía que no dependía de mí.

Aquí tumbado en esta camilla, aturdido por los chequeos que me estaban haciendo, oraba: "¡Señor Jesús, mi vida está entre tus manos!"

Hasta este momento había hecho lo que podía.

Y entonces todo se volvió oscuro, me desmayé, vino la noche. Una noche muy oscura. Sin transición. De un segundo al otro. Nunca había experimentado algo así. No fue como si me estuviera durmiendo, suavemente cayendo en un dulce sueño, es como si alguien hubiera pulsado un interruptor en off y… ¡bam! ¡Fuera!

A partir de ahora, los hechos que siguen me los contó mi mujer, Andra.

La policía fue a casa a explicarle lo que me había ocurrido.

Mis compañeros de trabajo la llevaron al hospital porque no querían que condujera en una situación tan extraña.

Antes que se fueran de casa, Andra les dijo: "Esperad un momento, primero tengo que llama a alguien."

Llamó a un amigo nuestro, miembro del liderazgo de nuestra iglesia. "Por favor, ora, Günther está en el hospital, parece algo serio, no tengo más detalles en este momento."

Y entonces se fueron, con Andra en el vehículo de policía.

¿Qué encontraría al llegar? ¿El beso de despedida de la mañana después de desayunar sería el último beso que hubiera dado a su marido? Eso fue tan solo tres horitas antes.

Nuestro amigo de la iglesia puso en marcha lo que se llama una "cadena de oración", lo que significa que convocó a todo el equipo de liderazgo, dándole la información necesaria y en qué línea debían de orar. Entonces empezaron todos los miembros del liderazgo, y después todos los miembros de la iglesia y el número de gente orando fueron incrementando.

Aquí cortaré un poco la descripción para no entrar en mucho detalle. Andra estuvo conmigo todo el tiempo, aunque no lo notara. Hablaba con los médicos, aceptando o rechazando las medidas que querían tomar conmigo.

Gracias a Dios ya habíamos hablado de este tema en el pasado. En este momento, ella estaba tranquila, centrada y la paz de Dios rodeándola. Claro, estaba un poco tensa, pero no deprimida o histérica.

El médico que hizo el encefalograma le vino a dar, desanimado, el diagnostico final:

Hemorragia cerebral fuerte,
justo en medio del cerebro:
Centro del lenguaje,
memoria, capacidades de planificar,
coordinación.

La intervención quirúrgica era imposible porque dañaría probablemente partes importantes del cerebro al tocarlas.
A raíz de esto, la hemorragia podría haber parado, pero necesitaría entonces un tratamiento extremo y mucha ayuda.

Le dijeron que tenía que aceptable lo inevitable ya que probablemente después de solamente dos días estaría muerto. Por la fuerza que tenía la hemorragia no pararía por sí misma. Estos médicos fueron directos, honestos y no nos dieron falsas esperanzas.

Pero tampoco contaban con la oración del pueblo que conoce a Dios y a su naturaleza, y que lo aman; el pueblo que ya ha experimentado que la oración de fe produce milagros tantas veces.

¡Y las oraciones fueron contestadas!

¡El primer milagro de Dios era visible!

Sorprendiendo el equipo de médicos, la hemorragia se paró en seco. Era algo inexplicable para ellos ya que medicamente era imposible. Ninguno de ellos había experimentado esto al largo de sus largas y especificadas carreras. Esta gente, supuestamente luchando por la vida… ellos mismos que cada día competían contra la muerte, y la mayoría del tiempo perdía…pues esa misma gente estaba en este momento pasmado por Dios.

Una de las enfermeras nos dijo ser atea pero admitió que lo que estaba sucediendo en este momento era un milagro.

Al fin de ponerle mucha presión al cuerpo, me indujeron en coma y bajaron su temperatura. (La gente que me conoce sabe que siempre me ha gustado el frio así que no suponía ningún problema para mí un poco de frescor).

Así estuve tendido durante unos diez días. No he tenido experiencia de acercamiento a la muerte, no vi a ninguna luz al final del túnel ni nada semejante.
Todo era oscuro y tranquilo.

Tenía algún sueño o percepción pero no podía saber cuándo empezaba. No podía discernir si estaba en el coma o en la fase de despertar un tiempo después.

A ratos, todo era tan real, era como tocar el mundo invisible, algo extremo, muy extremo. De repente me confrontaba con fuerzas espirituales y otras cosas. Pero había decidido no hablar de esto.

Durante la fase de recuperación, los médicos explicaron a Andra que no podía tener grandes expectativas, porque la hemorragia me había hecho perder mucha sangre y ahora había como un gran moratón en medio de mi cerebro, que presionaba todo el tejido externo. Desviarlo con un drenaje o sacar la sangre no era posible.

Andra informaba los hermanos y hermanas de la iglesia sobre el curso de las cosas, así que seguían orando día tras día. Mientras tanto oraban también nuestros hermanos en toda Alemania, Europa, Estados Unidos, Sur América e India. Las noticias y peticiones de oraciones les llegaban también a ellos. ¡Internet parecía, por fin servir para algo bueno!

¡Y el segundo milagro ocurrió!

Me despertaba, un poco mareado y volvía a dormirme, pero mi idioma seguía completamente intacto, los idiomas extranjeros, mi memoria entera, mi identidad y capacidad de planear y todo.

Os podéis imaginar que alegría y agradecimiento tenían nuestros amigos. Para Andra y para mí. Extirpados de las garras de la muerte por mi querido Señor Jesús.

Durante su tiempo de oración y espera, Andra recibió una imagen de parte de Dios en su mente. Vio la mano del Dios todopoderoso sobre mi cabeza y desde este mismo momento supo: Dios se está encargando de esto y Gunther está seguro en las manos de su Padre. Eso la tranquilizó, y a pesar de este tiempo de estrés y tumultuó ella sentía paz de Dios en su corazón.

Aun así, quedaba un problema.

Estaba paralizado en toda la parte derecha de mi cuerpo.

El brazo era completamente débil e inútil, no me podía levantar y tampoco tumbarme en una cama o sentarme en una silla de ruedas. Todos mis músculos en la mitad derecha del cuerpo estaban paralizados. Tenía una sensación de torpeza como si me hubieran inyectado una anestesia que estaba perdiendo su efecto. Pero no es todo. El cerebro había anulado las vías hacia los nervios y las había borrado de su programa.

Hurra, ¿verdad? No era un escenario muy bueno…
¡pero estoy vivo!

Y sobre todo estaba eternamente agradecido a Dios.

He estado tan cerca de la muerte, a punto de acabar mi vida aquí de repente y estar con Jesús por la eternidad. No he tenido miedo, tenía y sigo teniendo la absoluta certeza de que soy salvo y que voy a pasar la eternidad con Jesús.

Dios es el Señor sobre la vida y la muerte y mi tiempo está entre sus manos. Y espero estar con Él un día en adelante.

¡No renuncies!

¡Pero también me encanta vivir! Y para ser honesto, no había realmente terminado con esto todavía.

Durante mi rehabilitación, una psicóloga vino a verme y hablamos un poco de todo esto. Entre otras cosas, me pregunto si ya había pensado o si pensaba en el suicidio.

(Luego me contaron que no era tan raro que la gente en esta situación pensaran en esta alternativa debido a los malos pensamientos que tenían de sus vidas.)

¡Pero que me están contando! ¡Todo el contrario!

¿Yo…suicidarme? ¡Es para reírse!

¡Estaba y sigo estando súper animado y emocionado por la vida! Dios me ha regalado un tiempo más que puedo usar aquí. Esos últimos pocos años, me ha…NOS HA enseñado lo que todavía quiere hacer con nosotros.

Pero entre este punto y mi situación, había una silla de ruedas.

Una vez más, estaba en una condición en la cual tenía que lidiar con un obstáculo y salir victorioso de esta situación.

Tenía que empezar a superar esto.

Al largo de la noche, casi todo cambió. Las cosas que antes parecían importantes, de repente ya no lo eran.

Todas las cosas que ya habíamos planeado para este año tenían que anularse. Una semana más tarde tendríamos que haber ido a esquiar y también viajar a Austria para una conferencia sobre sanidades. En abril/mayo, teníamos planeado un viaje misionero en Argentina y Brasil, como cada año. El vuelo, el hotel, el coche de alquiler…todo ya estaba reservado y pagado. Las reuniones con las iglesias que nos recibían ahí ya estaban planeadas y todo lo demás.

¡Todo se anuló!

Cada día daba gracias a Jesús por mi vida y me centraba en mi rehabilitación. Aquí me gustaría dar las gracias por toda la ayuda que recibí de los profesionales y la extrema simpatía con la cual se me ha tratado. Dios os bendiga por ello.

Y los milagros siguieron. Desde la primera rehabilitación, pude de nuevo estar presente en nuestras reuniones de la iglesia, aunque solo unas horas pero mejor esto que nada.

Un matrimonio que son pastores en Austria, vinieron de visita en nuestra iglesia y pude asistir a una reunión.

Bienvenido de nuevo a la vida espiritual.

¡Disfruta!

Oraron por mí y lo que había sido imposible hasta ahora, era posible de una vez. El pulgar de mi mano derecha se podía mover, con esfuerzo. Lo podía controlar a pesar de que el médico me dijo que los nervios no eran activos todavía. Lloré de alegría porque veía un guiño de parte de Dios, una señal de que Él había empezado a adelantar las cosas.

Pulgares arriba… ¡me encanta!

Dios tiene un gran sentido del humor… ¡de todo lo que había que hacer Él empezó por los pulgares!

Vuelta a la rehabilitación. Al día siguiente pasó la terapeuta y me preguntó cómo había pasado la semana. Sin decirle una palabra, levanté mi pulgar y empecé a moverlo delante de ella. Pasó un momento, y entonces se puso a chillar: "¡Imposible! ¡Eso es increíble, ese pulgar no se puede mover así!"

Saltó de su silla, y corriendo por todos lados buscaba a enfermeras, otros terapeutas y otra gente que hubiera por ahí.

Como si estuviéramos en un circo, tenía que enseñar este pequeño movimiento una y otra vez; moviendo el pulgar, removiendo, moviendo, removiendo.
Aplaudieron todos, mostrando lo asombrados y desconcertados que estaban en este momento, y preguntaron cómo esto había ocurrido.

Era una gran oportunidad para mí para hablar de Jesús una y otra vez.

Sabía que tenía que volver a practicar las cosas que podía hacer, lo que Dios me había dado por hacer:
predicar y orar por la gente.

Y Jesús estaba a mi lado.

Sentado en mi silla de ruedas, extendía mi mano sana sobre los enfermos, y se sanaban. La gente era tocada y cambiada por la Palabra. ¡Madre mia! ¿Quién hubiera pensado esto?

Aún en mi mente tenía cierta lucha con mis pensamientos.
"¿En qué estás pensando? Mírate, ¡eres un inútil! ¿Y tú quieres orar por otros?"

Y seguía así. Paso a paso me reincorporaba en mi servicio espiritual. Sigue adelante, no te rindas.

La rehabilitación sigue igual de intensiva y más agotadora aun. A veces llego a mi casa, me caigo en la cama y me duermo horas como una roca.

Estoy todavía muy débil, no puedo, aun reincorporarme a mi trabajo de policía. Pero un día, estaré en forma; volveré a trabajar, comeré y me ducharé solito y haré todas estas cosas cotidianas otra vez. Por ahora, tiempo, paciencia y perseverancia me son necesarios.

Dios me ayudará, eso lo tengo más que claro.

Pues estoy convencido
de que ni la muerte ni la vida,
ni los ángeles ni los demonios,
ni lo presente ni lo por venir,
ni los poderes,
ni lo alto ni lo profundo,
ni cosa alguna en toda la creación
podrá apartarnos del amor
que Dios nos ha manifestado
en Cristo Jesús nuestro Señor.
Romanos 8:38-39

A las montañas levanto mis ojos;
¿de dónde ha de venir mi ayuda?
Mi ayuda proviene del SEÑOR,
creador del cielo y de la tierra.
Salmos 121:1-2

La vida no es un juego

Puede que te estés preguntando: "¿Porque este hombre me está contando esto ahora?" Actualmente no se suele contar lo que se cuenta en este libro. No te conformes con un solo "Dios te ama" y todo esto.

Pero eso lo resume todo. No sería honesto al renegar esta verdad, no tendría sentido. Al contrario, yo pienso que muestra las cosas tal y como las he descrito. Que hay esperanza, que DIOS sigue aquí y EL ES BUENO, aunque no lo entienda todo o no lo pueda explicar todo todavía.

Si todo iría sobre ruedas en esta vida, sin dificultades, sin retos, no podríamos demostrar en lo que creemos y lo que está en nosotros.

Por ejemplo, no hubiera invenciones.
Imagínate a Edison, el genio. Primero, la luz apareció en su mente, y entonces sus pensamientos locos se volvieron una concreta y clara visión. Pero el trabajo solo acababa de empezar. Experimentando, probando, digerir contratiempos, empezar de nuevo y renovar todo otra vez.

¡No se rindió y eso que le costó más de 1000 intentos antes de que la luz funcione! En 1879, anunció la creación del invento final. ¡Hecho: había superado el problema y ganado!

Hoy en día sigue alumbrando una de sus bombillas en la estación n°6 de la ciudad de Livermore en California, Estados Unidos, cerca de San Fransisco. Y desde 1901 (!), ha estado iluminando sin interrupción. Sin embargo, una cámara esta puesta encima para demostrarlo.

Imagínate si Edison hubiera abandonado su investigación después del intento n°999. Quiero decir, claro que hubiera podido, pero entonces no se conocería hoy el impacto de su invención.

En muchas partes de nuestras vidas somos así. Cosas que nos retan ocurren, poniendo presión sobre nuestros hombros, molestándonos sin saber porque.

En la Biblia encontramos muchas situaciones que se engendran por muchas necesidades a veces. Y cada vez, del ser humano. Nuestra forma de manejarlo es lo que marca la diferencia.

Un día Martin Luther citó este pasaje del Salmo 46:

¡Nuestro Dios es nuestra fortaleza!

No hay nada más poderoso, más seguro y más fuerte que el Dios de la Biblia, el padre de nuestro Señor Jesucristo y el poder maravilloso de su Espíritu Santo. ¡Léelo tú mismo!

Dios es nuestro amparo y nuestra fortaleza,
nuestra ayuda segura en momentos de angustia.
Por eso, no temeremos
aunque se desmorone la tierra
y las montañas se hundan en el fondo del mar;
aunque rujan y se encrespen sus aguas,
y ante su furia retiemblen los montes.
Salmos 46:1-3

¡Esto vale también para ti y para mí!

Hace más de 30 años ahora que soy policía y durante este tiempo he visto cómo la gente se enfrenta a todo tipo de problemas. Evadiéndose en las drogas, el alcohol, los excesos, la adrenalina… para acabar suicidándose.

Porque eran personas desorientadas, no tenían a nadie que le ofrecieran ayuda, y obviamente porque nadie les hablaría de Jesús. O porque no quisieran escuchar y creer. Qué drama.

Dios no ha cambiado su llamado para mi vida, no lo ha revocado o congelado solo porque tenga una ala discapacitada en este momento. O porque mi forma de andar se parece al "Augsburger Puppenkiste" (unos títeres famosos en Alemania).

Eso no importa, seguimos con Jesús.

Para bromear, me comparo con un coche que hubiera tenido un accidente en la parte derecha. ¡Se le pinchó una rueda y se le abolló el guardabarros! Pero su propósito sigue siendo ser un coche.

Entonces la cosa no cambia, ¡Dios es bueno!

Para llegar a una conclusión, me gustaría aclarar ciertos puntos una vez más porque es lo que siento en el fondo de mi corazón:

- ¡Dios es bueno!
- Jesús me ama infinitamente
- ÉL no me ha puesto enfermo
- mi discapacidad no era y NO ES una lección de parte de Dios
- ¡Dios solo quiere lo mejor para mí!
- ¡Siempre puedo confiar en El!
- ¡Mi vida es suya para siempre!

Podemos encomendarle nuestras vidas, todas nuestras necesidades y retos pero también las cosas que nos gustan y nos apasionan. Espero que este libro te anime y te motive a entrar en una nueva dimensión y experiencias con Dios o a invitar a Jesús en tu vida.

Ven y escribe conmigo el último capítulo de

¡Libro de los Hechos 29!

Tu capítulo personal. Esto va a ser el capítulo que cambie nuestro mundo antes de que Jesús vuelva. Millones de personas alrededor del mundo vendrán a Jesús, serán sanados, cambiarán sus vidas y el Islam perderá su poder porque el poder de Jesús será de nuevo visible. No se podrá sostener ante Jesús. ¡En estos días, más musulmanes se vuelven a Jesús que en los últimos 1400 años!
Los cristianos conocerán el poder sobrenatural de Dios como algo normal, lo apreciaran y lo usarán para el mundo. Harán señales y milagros y las noticias rebosaran de sus prodigios.

Algunas iglesias y parroquias se quedaran débiles, reducidos por sus teologías, su falta de expectativas y convicciones pero incluso era así cuando Jesús estaba aquí.

Pero los que andan en esta dimensión y siguen a Jesús verán señales y milagros, alabando a Jesús. No serán capaces de entender y explicar todo y tendrán que atravesar situaciones y superarse pero saldrán victoriosos.

Deseo y oro para que hagas parte de ellos.

Dios te bendiga

Günther Kunstmann

Epilogo:

Una y otra vez nos preguntan sobre la sanidad en la Biblia, si todavía podemos acudir al médico o si el hecho de ser un cristiano enfermo quiere decir que eres un débil en la fe.
¿Quiere Dios sanar aún hoy en día? ¿Quiere enseñarnos algo a través de la enfermedad o se glorifica en ella?
La variedad de opiniones alrededor de estos temas entre los cristianos ahora nos son conocidas.

Y, brevemente me gustaría coger estos puntos básicos, reflejando lo que sabemos y la opinión de nuestra iglesia, Jesús Gemeinde Bamberg. Algunos quizás lo vean de otra forma, bueno…es su responsabilidad y su derecho.

Las enfermedades pueden tener varias causas: por herencia, por uno propio sin quererlo, biológica o mental y etc…Pero también puede haber un origen demoniaco.

Dios es Dios de amor y un buen padre; básicamente no inflige la enfermedad. Es la voluntad fundamental de Dios que seamos sanados, para que tengamos una vida sana y bendecida.

En el nuevo testamento, Jesús siempre testifica haber sanado que vinieron a EL o le pidieron ayuda. Jesús no tenía pecado y aplicaba la perfecta voluntad de Dios en la Tierra.

Si Dios hubiera puesto enfermedad sobre la gente y Jesús viniera a sanarlos, entonces el mismo Jesús pecaría en contra del Padre porque trabajaría en **contra** de sus planes.

No voy a entrar en grandes explicaciones con este tema de tan gran amplitud, es un tema muy largo y tomaría demasiado tiempo por ahora.

Entonces, como trato con ello, juntamente con la iglesia:

- Para nosotros, no hay competición con los médicos y doctores y no los vemos como enemigos o algo así. Dios nos da la posibilidad de encontrarnos frente a dolencias y aportar la ayuda y el alivio a las personas para que se puedan sanar.

- No podemos estar de acuerdo con la medicina alternativa, la homeopatía o métodos similares, porque su origen está basado en la mentira de otra religión o creencia.

- El apóstol Lucas mismo era médico, y también estuvo llamado a seguir a Jesús.

- Si es necesario, vamos al médico para prevenir o buscar un tratamiento adecuado, y eso no quiere decir que estemos débil en nuestra fe. Medidas especiales o medicinas recetadas por el medico deben de tomarse con responsabilidad.

- Por supuesto, oramos por la gente, confiando y creyendo en la Palabra de Dios porque como cristianos nuestra instrucción es orar de tal manera (Marcos 16:15-20)

- Siguiendo el ejemplo bíblico, no solamente oramos por la gente imponiendo las manos sobre ellos, sino que también ordenamos a las potestades o enfermedades que se rinden ante el Nombre de Jesús y que se vayan, porque Jesús lo hizo así y hay muchas escrituras que nos enseñan a hacerlo porque Jesús nos dio Su autoridad.

- Esto no solamente ocurre en nuestra iglesia, sino en otras iglesias evangélicas, católicas y otras iglesias libres.

- La sanidad puede ocurrir de varias formas:
  Sanidad completa y espontánea, proceso de sanidad inesperado pero visible o una sanidad aun no visible.
  De todas formas, esa última no nos desanima en seguir orando por el enfermo, porque sabemos que Dios ya lo ha tocado, y así debemos de orar por claridad sobre la situación y el trasfondo de la persona.
- Que un miembro de la iglesia sea enfermo o no, no indica su nivel de fe y tampoco debe influir en su función o responsabilidad en la iglesia.

- Animamos la gente por la cual hemos orado, en acudir al médico para confirmar la sanidad. Nunca aconsejamos dejar medidas o tratamientos médicos por razones de nuestra fe. Esto es algo que solamente decide el mismo médico.

- Todo el honor y agradecimiento pertenece a Jesús, y no a la persona que ha puesto su mano sobre la gente para que recibiera sanidad.